“十三五”普通高等教育本科部委级规划教材

基础会计全真模拟实验

潘玉香　马立群◎主编

中国纺织出版社

内容提要

本书适应新会计准则和从 2016 年 5 月 1 日起全面实施“营改增”税制改革的变化，以制造企业生产经营一个月的典型业务为模拟案例。实验流程包括填写和编制原始凭证、记账凭证，登记各类账簿，对账和结账，编制会计报表。学生通过完成一个完整的会计循环工作，能对会计基础工作有一个系统、全面的认识，提高实践技能，并巩固所学的会计基本理论知识，为进一步学习后续相关课程夯实基础。

本书既可作为高校会计学、财务管理、审计学等专业学生的基础会计实验用书。也可作为从事会计工作人员的岗前培训用书。既适用于课堂实验教学，又适用于自学者学习与实训。

图书在版编目（CIP）数据

基础会计全真模拟实验 / 潘玉香，马立群主编 . -- 北京：中国纺织出版社，2016.6（2025.7 重印）

ISBN 978-7-5180-2366-0

Ⅰ. ①基… Ⅱ. ①潘… ②马… Ⅲ. ①会计学 Ⅳ. ① F230

中国版本图书馆 CIP 数据核字（2016）第 034877 号

策划编辑：曹炳镝　　责任印制：储志伟

中国纺织出版社出版发行

地址：北京市朝阳区百子湾东里 A407 号楼　邮政编码：100124

销售电话：010—67004422　传真：010—87155801

http：//www.c-textilep.com

E-mail：faxing@c-textilep.com

中国纺织出版社天猫旗舰店

官方微博 http：//weibo.com/2119887771

北京虎彩文化传播有限公司印刷　各地新华书店经销

2016 年 6 月第 1 版　　2025 年 7 月第 2 次印刷

开本：787 × 1092　1/16　印张：21.5　插页：8

字数：430 千字　定价：68.00 元

PREFACE

前 言

会计是一门实践性很强的社会科学，财务会计是将会计学基本理论运用于企业生产经营管理实践的专门技能学科。因此，高等教育会计教学不仅要向学生全面系统地传授基本会计理论和会计方法，而且应特别注重培养学生应用会计理论和方法解决会计实践问题的能力。

《基础会计全真模拟实验》的编写严格按照会计相关理论和企业会计实务操作规程，依据 2014 年 7 月 23 日《财政部关于修改 < 企业会计准则——基本准则 > 的决定》，以及 2016 年 3 月 5 日李克强总理在第十二届全国人民代表大会第四次会议政府工作报告中提出，经国务院批准从 2016 年 5 月 1 日起全面实施“营改增”等一系列政策文件，深入多家相关企业调查研究，精心策划，以期达到会计学理论与企业会计实务实践的高度结合。

《基础会计全真模拟实验》以其调研公司为案例背景，经济业务、会计凭证、会计账簿、会计报表等全部高度仿真，经济业务由浅入深，使学生能将基本会计循环规则把握与全面经济业务处理技能的掌握系统贯穿，促进会计专业的学生完成对于会计理论与方法的由理性到感性，再高度回归理性认识的飞跃，解决学生将所学理论知识与会计实务操作结合的问题，培养学生的动手操作能力，形成和锻炼职业判断能力，为成为高级应用型会计人才奠定基础。

《基础会计全真模拟实验》突出会计循环过程的基本技能训练。同时，《基础会计全真模拟实验》实验结果作为《中级财务会计实验》的基础资料，形成基础会计实验、中级财务会计实验和电算化仿真训练一体化的完美结合。我们在中国纺织出版社网站为教师课堂授课提供教学用课件，为教师提供完整的会计操作过程及主要成本费用归集的课程指导和完整答案，为实验的规范性和完整性提供必要的保障。教材最后增加了若干附录内容，均为当前会计实际工作遵循的法律规范，可作为教学参考。

本实验教程内容由六部分构成。第一章绪论，重点讲解会计实务基本知识、基础会计实训手工操作技能和操作规范，由潘玉香、吴芳老师执笔完成。第二章是基础会计实训企业经营背景情况介绍，由孙娟、刘旸老师执笔完成。第三章是实训案例企业账户余额资料、经济业务及其处理，由潘玉香、孙娟和马立群老师共同设计完成。第四章是企业费用的计算分配与成本核算，由潘玉香和吴芳老师共同设计完成。第五章是企业月末会计计算与结转，由孙娟和刘旸老师共同设计完成。第六章是会计报表的编制，由马立群、唐毅泓和郝婷老师共同设计完成。另外，为了学生实验操作方便，本实验教程后半部分提供了实验操作所用的各类空白记账凭证和账簿等全套实验材料。由潘玉香、马立群、吴芳和郝婷老师共同设计完成。

《基础会计全真模拟实验》突出了会计循环过程的基本技能训练，将企业实操案例与基础会计实训技能操作紧密结合。包括期初建账、审核原始凭证、填制记账凭证、编制科目汇总表、登记明细账及其总账和编制会计报表等全部会计实务仿真内容。同时为师生提供完整的会计操作过程及主要成本费用归集、计算关键过程的指导，为会计实验的规范性和完整性提供必要的保障。

《基础会计全真模拟实验》是结合普通高校会计学专业教学建设与改革的实际需要，经中国纺织出版社关于组织申报“十三五”国家级、部委级规划教材的审定推荐的。《基础会计全真模拟实验》为全新设计，内容、体例、新法规应用、教学服务功能等力求具有一定的学科前沿性，以便更好地满足各校师生的相关实验课程需要。我们对所有使用本教材的老师和同学们，特别是热情向我们提出各种宝贵建议的老师及同学们表示诚挚的谢意。感谢本书编写过程中天津钢管集团股份有限公司有关领导的热忱帮助和指导，感谢刘思宇、赵梦琳同学所做的资料整理工作，也感谢中国纺织出版社在本实验教程出版工作中给予的大力支持。

由于作者水平有限，书中难免存在缺点和错误，敬请读者批评指正，特望同行专家不吝赐教。

编者

2016 年 5 月

CONTENTS

目录

第一章　绪论

第二章　会计实务实训企业经营背景情况介绍

第三章　企业基础会计实务实训

第四章　企业费用的计算分配与成本核算

第五章　企业月末会计计算与结转

第六章　会计报表的编制

附　录

第一章　绪论

第一节　基础会计实训目的、要求、内容

一、企业基础会计实务实训目的

会计实务实训是为了提高学生的实际应用水平，了解会计实务实训企业所处的行业、生产经营的范畴及供、产、销流程情况。学生以企业会计工作者的身份，掌握企业的会计制度及有关规范，深入企业开展会计工作。通过实训企业经济活动的会计的手工操作案例的完成，学生能够熟练运用手工操作技能，针对企业日常经济业务活动，建立会计账簿，填制和审核会计凭证，登记相关账簿，月末对账、结账，编制简单会计报表。通过基本会计循环的实验，使学生对会计学基础理论在会计实践中的运用有更进一步的认识和了解，能够熟悉企业会计实际操作的基本技能及规范，掌握企业会计实务的一般工作程序和基本操作技能。

二、企业基础会计实务实训的要求

（1）掌握企业会计记录的基本技能。本实验案例文字记录只允许使用中文文字。文字记录要求规范、清晰，言简意明。会计数字记录要求工整书写。阿拉伯数字和汉字大写金额要按会计实务规范要求进行书写。

（2）会计记录使用的账册、凭证、报表要按照《会计法》的有关规定，选用国家财政部规定的样式、格式及种类，努力做到科学、合理、规范，适应企业生产经营实际会计核算要求。

（3）掌握原始凭证的填制及审核技能。根据经济业务的性质及要求，对外来和自制原始凭证的名称、格式、内容的合法性、合理性及全面性进行逐一审验，熟知不同原始凭证的审核重点要求。

（4）掌握根据审核无误的原始凭证编制相应记账凭证的技能。企业会计核算的主要环节是根据经济业务发生的性质，依据审核后的原始凭证编制记账凭证（俗称传票）。通过本实验，要求学生能够熟练地、正确无误地选择并填制经济业务处理所需的收、付、转凭证，填制内容规范、全面，并能连续按记账凭证种类编号、装订及保管。

（5）掌握平行登记各种账簿的技能，以及更正错误的方法。对企业发生的每一笔经济业务根据会计凭证确定登记相应账簿的种类、方法及要求。发现登记错误，要按照更正错账的规范要求，及时更正错账。掌握期末对账结账方法，实验完成，要求学生具有一套全面、系统、连续记录的规范的会计账套资料。

（6）掌握企业一般经济业务账务处理的方法。将企业实际经济业务的发生、审核及记录、计算及

报账与会计账务处理程序理论紧密结合起来。

三、企业基础会计实务实训的内容

以反映企业会计工作的全过程为框架，按照会计核算的流程和环节，设计若干个对会计交易或事项进行账务处理的实验项目，构成了企业基础会计实务实训的内容。

（1）认知企业及会计工作，包括：了解企业基本情况、企业内部会计制度、企业会计工作组织方式。

（2）建账，包括：熟悉建账流程，建立账簿文件、设置会计科目、登记期初金额。

（3）平时会计交易或事项处理，包括：银行借款和接受投资、存货采购及付款、固定资产和无形资产购进及付款、一般销售及应收款项的核算等。

（4）费用的归集分配与成本核算，包括：材料费用、职工薪酬、折旧费用、水电费用等成本费用的归集与分配以及产品成本的计算。

（5）期末会计事项的处理，包括：计提费用、计算结转本月应交的各种税费、资产减值准备的处理、结转损益、计算利润和利润分配、期末进行试算平衡和对账与结算。

（6）会计报表的编制，包括：编制资产负债表、利润表及现金流量表。

（7）会计档案的归档与保管，包括：会计凭证的装订及保管、会计报表及会计账簿装订及保管。

第二节　会计实务基本知识

一、会计机构和会计人员配备、会计岗位

1. 会计机构

会计机构是各单位办理会计事务的职能部门，会计人员是直接从事会计工作的人员。建立健全会计机构，配备与工作要求相适应、具有一定素质和数量的会计人员，是做好会计工作，充分发挥会计职能作用的重要保证。

会计机构的设置原则：会计法规定，各单位设置会计机构要根据本单位会计业务的需要具体决定。有三种办法：一是设置专门的会计机构；二是在有关机构中设置会计人员并指定会计主管人员；三是确实不具备设置条件的，应当委托经批准设立从事会计代理记账业务的中介机构代理记账。国有的和国有资产控股或占主导地位的大、中型企业还必须设置总会计师。

2. 会计人员配备

一个单位，不论是设置专门的会计机构还是在有关机构中设置会计人员，都要有符合会计法要求的会计工作人员，并要有至少一位负责人。在设置专门的会计机构的单位，会计机构负责人在单位负责人直接领导下对会计机构的行政和业务负责。在有关机构设置会计人员的情况下，应当在熟悉会计业务的会计人员中指定会计主管人员，会计主管人员行使会计机构负责人的职权并按规定的程序任免。单位配备会计机构负责人和会计主管人员，任命或聘用会计人员应依照有关法律和法规的规定办理。单位应当在会计机构内部建立岗位责任制，实行定人员、定岗位、定职责的管理，明确会计岗位设置及各自的职责范围。

3. 会计岗位

会计岗位是指从事会计工作，办理会计事项的具体职位。一般包括以下岗位：①总会计师岗位，会计机构负责人（会计主管人员）岗位；②出纳岗位；③稽核岗位；④资本、基金核算岗位；⑤收入、支出、债权债务核算岗位；⑥工资核算、成本费用核算、财务成果核算岗位；⑦财产物资的收发、增减核算岗位；⑧总账岗位、对外财务会计报告编制岗位；⑨会计电算化岗位；⑩会计档案管理岗位。在会计档案正式移交档案管理部门之前，在会计机构内会计档案管理工作属会计岗位；会计档案正式移交档案管理部门后，会计档案管理工作不再属于会计岗位。

应当注意，医院门诊收费员、住院处收费员、商场收费（银）员不属于会计岗位；单位内部审计人员、社会审计人员、政府审计人员不属于会计岗位。

二、会计专业职务的任职资格与基本职责

会计专业职务的任职资格与基本职责见表 1-1。

表 1-1 会计专业职务的任职资格与基本职责

专业职务	任职资格	基本职责
会计员	初步掌握财务会计知识和技能；熟悉并能认真执行有关会计法规和财务会计制度；能担任一个岗位的财务会计工作；大学专科或中等专业学校毕业，在财务会计工作岗位上见习一年期满	负责具体审核和办理财务收支，编制记账凭证，登记会计账簿，编制会计报表和办理其他会计事项
助理会计师	掌握一般的财务会计基础理论和专业知识；熟悉并能正确执行有关的财经方针、政策和财务会计法规、制度；能担负一个方面或某个重要岗位的财务会计工作；取得硕士学位或取得第二学士学位或研究生班结业证书，具备履行助理会计师职责的能力，或者大学本科毕业后在财务会计工作岗位上见习一年期满，或者大学专科毕业并担任会计员职务两年以上，或者中等专业学校毕业并担任会计员职务 4 年以上	负责草拟一般的财务会计制度、规定、办法，解释，解答财务会计法规、制度中的一般规定，分析、检查某一方面或某些项目的财务收支和预算的执行情况
会计师	较系统地掌握财务会计基础理论和专业知识；掌握并能正确贯彻执行有关的财经方针、政策和财务会计法规、制度；具有一定的财务会计工作经验，能担负一个单位或管理一个地区、一个部门、一个系统某个方面的财务会计工作；取得博士学位并具有履行会计师职责的能力，或者取得硕士学位并担任助理会计师职务两年左右，或者取得第二学士学位或研究生班结业证书并担任助理会计师职务 2 ~ 3 年，或者大学本科或专科毕业并担任助理会计师职务 4 年以上	负责草拟比较重要的财务会计制度、规定、办法，解释、解答财务会计法规、制度中的重要问题，分析、检查财务收支和预算执行情况，培养初级会计人才。
高级会计师	较系统地掌握经济、财务会计理论和专业知识；具有较高的政策水平和丰富的财务会计工作经验，能担负一个地区、一个部门或一个系统的财务会计管理工作；取得博士学位并担任会计师职务 2 ~ 3 年，或者取得硕士学位、第二学士学位或研究生班结业证书，或者大学本科毕业并担任会计师职务 5 年以上	负责草拟和解释、解答一个地区、一个部门、一个系统或在全国施行的财务会计法规、制度、办法，组织和指导一个地区或一个部门、一个系统的经济核算和财务会计工作，培养中级以上会计人才

三、会计交接

会计工作交接是会计基础工作的一项重要内容。办好会计交接，有利于保持会计工作的连续性，有利于明确各自责任。

会计人员调动工作或因故离职必须将本人所经管的会计工作全部移交给接替人员。在办理移交前必须做好以下工作：填制完已受理业务的会计凭证；登记完尚未登记的账目，并在最后一笔余额后加盖经办人员印章；整理应移交的资料，对未了事项写出书面说明；编制移交清册，列明应移交的各种资料和物品。双方交接时，必须由专人负责监交。一般会计人员办理交接，可由会计机构负责人或会计主管负责监交；会计机构负责人或会计主管办理交接，可由单位领导人负责监交，必要时可请主管部门派员会同监交。交接双方按移交清册列明的内容，逐项进行交接。移交时，如发现现金短缺、账目余额不一致，必须查明原因并在移交清册中注明，由移交人负责。交接结束，交接双方和监交人在移交清册上签名或盖章，以明确责任，同时，移交清册由交接双方及单位各执一份，以供备查。

接替人员必须继续使用移交的会计账簿，不得中途另立新账。移交人对自己经办且已经移交的会计资料的合法性、真实性承担法律责任。

案例：

移交人张妮因工作调动，经厂财务科决定，将其担任的存货核算会计岗位工作移交给丁茜接替。现按《会计人员工作规则》的规定，办理如下交接手续：

（一）移交前业已受理的全部存货核算业务会计凭证，已由移交人填制完毕。

（二）截至交接之日，凡应登记的账簿、业务已登记完毕，并在明细账最后一笔余额之处加盖了移交人印章，以示负责。

（三）对尚未处理材料核算往来账，已开列出应付购货款明细表和包装物押金明细表，并写出长期挂账的情况说明。

（四）对采购材料经济合同登记簿中已履行合同与未履行的合同，均按顺序逐笔交代清楚。采购合同的印花税也已全部交纳。

（五）保管期内材料采购入库单和出库单的存根已装订成册，编号为第 × 册至第 × 册，共 × × 册（按月份装订，保存期 3 年），经点收无误。

（六）本月末各种材料明细账记载的库存数量、金额，经与总账、仓库保管账核对，都完全相符。

（七）印鉴——海河钢管制造有限责任公司材料采购合同专用章一枚，经点交无误。

（八）移交的账簿有：

1. 材料采购明细账　1 本
2. 应付购货款明细账　1 本
3. 应付包装物料押金明细账　1 本
4. 包装物明细账　1 本
5. 暂估入库明细账　1 本
6. 材料计划价格目录　1 本

（九）移交人对会计核算程序、工作中应注意的问题、材料价格分析计算程序公式和近期的一些优惠政策等，在移交过程中已向接管人作了详细介绍。

（十）交接日期：20× × 年 11 月 1 日。

（十一）移交后，如发现原经营的会计业务中有违反财会制度和财经纪律等问题，仍由移交人负责。

（十二）本交接书一式四份。移交人、接管人、监交人各执一份，送厂档案室存档一份。

移交人：张妮（签章）

接管人：丁茜（签章）

监交人：张颖（签章）

总会计师：王丽（签章）

海河钢管制造有限责任公司财务部（公章）

20× × 年 11 月 1 日

四、会计核算工作的一般要求

会计核算工作是通过会计确认、计量、记录、报告等工作，从数量上反映企业和行政事业单位已经发生或完成的经济工作。

根据《会计基础工作规范》的规定，企业在进行会计核算时应遵循以下一般要求。

（1）各单位应当按照《会计法》和国家统一会计制度的规定建立会计账册，进行会计核算，及时提供合法、真实、准确、完整的会计信息。

（2）各单位发生的下列事项，应当及时办理会计手续、进行会计核算。

（3）各单位的会计核算应当以实际发生的经济业务为依据，按照规定的会计处理方法进行，保证会计指标的口径一致、相互可比和会计处理方法的前后各期相一致。

（4）会计年度自公历 1 月 1 日起至 12 月 31 日止。

（5）会计核算以人民币为记账本位币。收支业务以外国货币为主的单位，也可以选定某种外国货币作为记账本位币，但是编制的会计报表应当折算为人民币反映。境外单位向国内有关部门编报的会计报表，应当折算为人民币反映。

（6）各单位根据国家统一会计制度的要求，在不影响会计核算要求、会计报表指标汇总和对外统一会计报表的前提下，可以根据实际情况自行设置和使用会计科目。事业行政单位会计科目的设置和使用，应当符合国家统一事业行政单位会计制度的规定。

（7）会计凭证、会计账簿、会计报表和其他会计资料的内容和要求必须符合国家统一会计制度的规定，不得伪造、变造会计凭证和会计账簿，不得设置账外账，不得报送虚假会计报表。

（8）各单位对外报送的会计报表格式由财政部统一规定。

（9）实行会计电算化的单位，对使用的会计软件及其生成的会计凭证、会计账簿、会计报表和其他会计资料的要求，应当符合财政部关于会计电算化的有关规定。

（10）各单位的会计凭证、会计账簿、会计报表和其他会计资料，应当建立档案，妥善保管。会计档案建档要求、保管期限、销毁办法等依据《会计档案管理办法》的规定进行。实行会计电算化的单位，有关电子数据、会计软件资料等应当作为会计档案进行管理。

（11）会计记录的文字应当使用中文，少数民族自治地区可以同时使用少数民族文字。中国境内的外商投资企业、外国企业和其他外国经济组织也可以同时使用某种外国文字。

五、会计循环

会计循环是企业在一定会计期间内，从取得或填制反映经济业务发生的原始凭证起，到编制出会计报表为止，全面、连续地进行会计处理所必须经历的各个会计工作步骤。

1. 会计循环的步骤

会计循环的步骤如图 1–1 所示。

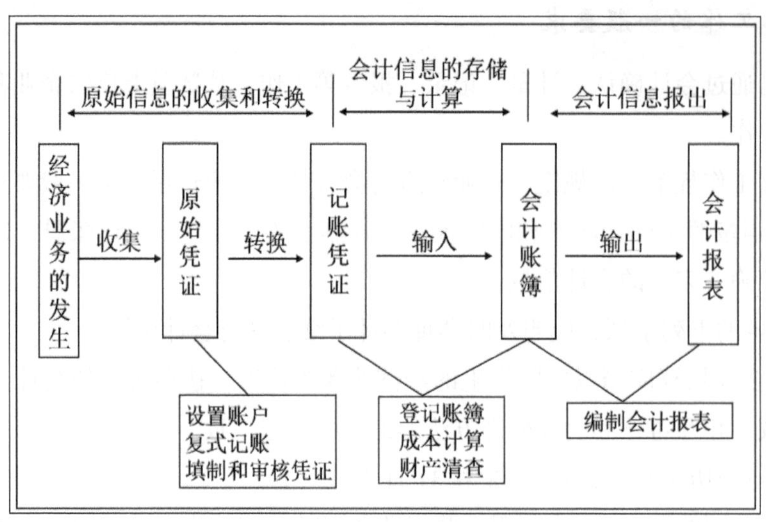

图 1-1　会计循环的步骤

2. 会计循环的基本内容

（1）根据日常经济业务发生时收集的原始凭证，分析经济业务的内容。

（2）根据日常经济业务的原始凭证，填制记账凭证（即做会计分录）。

（3）根据记账凭证登记有关账簿（即过账）。

（4）期末计算出各账户的发生额合计数和余额，并编制试算平衡表。

（5）期末按照权责发生制的原则进行账项调整（分录、过账、结余额），并编制试算平衡表。

（6）期末结清有关账户（分录、过账、结余额），并编制试算平衡表。

（7）编制会计报表。

六、会计监督

会计监督是会计人员用法律赋予的权力对经济活动和结果进行检查和督导的工作。会计监督是会计的一项基本职能，它是保证经济活动的社会主义方向，保证党的改革开放方针正确贯彻执行，保证社会主义市场经济健康发展的重要手段之一。

1. 会计监督工作的特点

利用货币计价对单位经济活动的全过程进行全面、综合的监督，包括事前监督、事中（日常）监督和事后监督。在利用价值指标进行货币监督的同时，也要进行实物监督，以保护单位公共财产的安全和完整。会计工作的监督可以分为单位内部的会计监督、社会监督和国家监督。

2. 会计监督工作的意义

第一，市场经济是法制经济，社会主义市场经济要求各单位的经济活动在法律、法规、制度允许的范围内进行。任何违法活动，都是成熟的市场经济国家所不允许的。为了促进有序竞争和有效配置资源，必须实行有效的会计监督，规范会计工作，打击违法行为，保证会计资料质量，为投资者、债权人、社会公众以及政府宏观调控部门提供真实、准确的会计资料，为维护社会经济秩序服务。

第二，建立和完善与新形势要求相适应的三位一体的会计监督体系。单位内部会计监督应当突出内部控制和内部约束机制的健全，强化单位负责人的会计责任，会计人员在对单位负责人负责的同时，受职业道德纪律的约束；发挥注册会计师及会计师事务所在维护会计监督中的作用，政府部门应当加强对注册会计师及会计师事务所的再监督，同时发挥社会公众的检举、监督作用；由政府部门行使的国家监督，应当明确主体，权责统一，并不断转变监管职能和监督方式。

第三，执法必严，违法必究，是会计监督的关键。经过多年的努力，我国的会计法律法规已趋健全，但造假账等问题屡禁不止，监管不力是重要原因之一。监督会计工作，不单是权力，更重要的是责任。承担会计监督职责的主体必须职责明确并切实到位，力戒相互推诿、扯皮。

第三节　会计实务实训手工操作技能

基础会计实务实训手工操作技能，主要是指会计字码的书写要求。会计字码分为大写和小写，小写字码也叫阿拉伯数字。

一、金额汉字大写

（1）汉字大写金额、数字一律用正楷或行书。如壹、贰、叁、肆、伍、陆、柒、捌、玖、拾、佰、仟、万、亿、元、角、分、零、整等字样，不得自造简化字。

（2）汉字大写金额到“元”或“角”为止的，在“元”或“角”字之后，应写“整”或“正”字。大写金额数字有“分”的，“分”后面不写“整”字。汉字大写金额数字，应与“人民币”字样紧接填写，不得留有空白。

（3）阿拉伯数字金额中有“0”时，应按正确的方法书写：

阿拉伯数字金额中间有一个“0”时，汉字大写要写“零”字。如¥8306.72，应写成“人民币捌仟叁佰零陆元柒角贰分”。

阿拉伯数字金额中间连续有几个“0”时，汉字大写金额中间只写一个“零”字。如¥6005.72，应写成“人民币陆仟零伍元柒角贰分”。

阿拉伯数字金额元位是“0”，或者数字中间连续有几个“0”，元位也是“0”时，汉字大写金额中可以只写一个“零”，也可以不写“零”。如¥1000.20，可写成“人民币壹仟元零贰角整”，或写成“人民币壹仟元贰角整”。

二、出票日期汉字大写

票据的出票日期必须使用中文大写。为防止变造票据的出票日期，在填写月、日时，月为壹至玖和壹拾的，日为壹至玖和壹拾、贰拾和叁拾的，应在其前加“零”字；日为拾壹至拾玖的，应在其前加“壹”字。如 1 月 15 日，应写成零壹月壹拾伍日。再如 10 月 20 日，应写成零壹拾月零贰拾日。

三、阿拉伯数字的写法

（1）字迹要清晰，易于辨认。

（2）位置要适当。数字写在横格上，高度不能超过 1/2，更不能顶格写，以便数字写错后的更改，如图 1-2 所示。

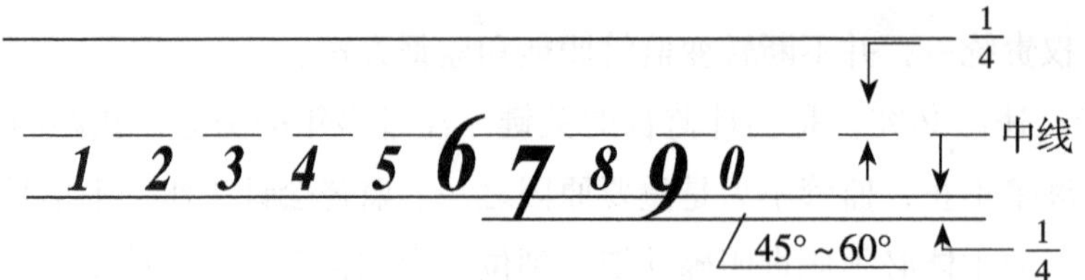

图 1–2 阿拉伯数字的书写方法

（3）阿拉伯数字应一个一个地写，阿拉伯金额数字前应当书写货币币种符号（如人民币符号为“¥”）或者货币名称简写。币种符号与阿拉伯金额数字之间不得留有空白。凡在阿拉伯金额数字前面写有币种符号的，数字后面不再写货币单位（如人民币“元”）。

（4）所有以元为单位（其他货币种类为货币基本单位，下同）的阿拉伯数字，除表示单价等情况外，一律在元位小数点后填写到角分，无角分的，角、分位可写“00”或符号“—”，有角无分的，分位应写“0”，不得用符号“—”代替。

第四节　会计实务实训操作规范

按照企业会计核算的流程，设计若干对会计交易或事项进行账务处理的实操项目，构成了基础会计学模拟实训的内容。此次核算的基本环节包括：①了解企业基本情况和会计制度；②建账，包括设置会计科目，登记期初金额；③对平时会计交易或事项进行处理；④费用的归集分配与成本核算；⑤期末会计事项的处理；⑥期末报表的编制；⑦会计档案的归档与保管。

会计基本操作规范主要包括期初建账、原始凭证的填制和审核、记账凭证的填制与审核、会计凭证的传递、登记账簿、错账更正方法、结账与对账、账簿的核对及会计凭证的装订等内容。

一、期初建账

建立账簿是企业单位进行会计核算的起点。由于各单位的会计核算建立在持续经营与会计分期等假设之上，因此，在每个会计期初，应将上期末各账户的期末余额过入本期各账簿中，作为期初余额，同时对期末无余额的账户或未开设的账户，比如损益类账户、对企业新开发的客户，也要按照企业的实际需要建立账簿。同时企业在结束旧账时也应开设新账，这个过程就是所谓的期初建账。

一般说来，总账、日记账和多数明细账应每年更换一次，但有些财产物资明细账和债权债务明细账，由于材料品种、规格和往来单位较多，更换新账时重抄一遍工作量较大，因此可以跨年度使用。各种备查账也可以连续使用。

1. 账簿的启用

账簿启用规则：

（1）启用时，在账簿封面上写明单位名称和账簿名称。

（2）在扉页上填制“账簿启用及交接表”，格式如图 1–3。

（3）启用订本式账簿，应当从第一页到最后一页顺序编定页数，不得跳页、缺号；活页式账簿，应当按账户顺序编号，并须定期装订成册，装订后再按实际使用的账页顺序编订页码。

（4）在第一页前面，附会计科目目录及每个会计科目在账簿中的起止页数。

<table>
<tr><td colspan="2">单位名称</td><td colspan="3"></td><td colspan="8" rowspan="5">海河钢管制造有限责任公司</td></tr>
<tr><td colspan="2">账簿名称</td><td colspan="3">（第　　册）</td></tr>
<tr><td colspan="2">账簿编号</td><td colspan="3"></td></tr>
<tr><td colspan="2">账簿页数</td><td>本账簿共计　　页（</td><td>本账簿页数
检点人盖章</td><td>）</td></tr>
<tr><td colspan="2">启用日期</td><td colspan="3">公元　　年　　月　　日</td></tr>
<tr><td rowspan="3">经管人员</td><td colspan="2">单位主管</td><td colspan="2">财务主管</td><td colspan="4">复核</td><td colspan="4">记账</td></tr>
<tr><td>姓 名</td><td>盖章</td><td>姓 名</td><td>盖章</td><td colspan="3">姓 名</td><td>盖章</td><td colspan="3">姓 名</td><td>盖章</td></tr>
<tr><td></td><td></td><td></td><td></td><td colspan="3"></td><td></td><td colspan="3"></td><td></td></tr>
<tr><td rowspan="5">交接记录</td><td colspan="4">经 管 人 员</td><td colspan="4">接 管</td><td colspan="4">交 出</td></tr>
<tr><td colspan="2">职 别</td><td colspan="2">姓 名</td><td>年</td><td>月</td><td>日</td><td>盖章</td><td>年</td><td>月</td><td>日</td><td>盖章</td></tr>
<tr><td colspan="2"></td><td colspan="2"></td><td></td><td></td><td></td><td></td><td></td><td></td><td></td><td></td></tr>
<tr><td colspan="2"></td><td colspan="2"></td><td></td><td></td><td></td><td></td><td></td><td></td><td></td><td></td></tr>
<tr><td colspan="2"></td><td colspan="2"></td><td></td><td></td><td></td><td></td><td></td><td></td><td></td><td></td></tr>
<tr><td>备注</td><td colspan="12"></td></tr>
</table>

图 1-3　账簿启用及交接表

2. 建立总账

（1）账簿的基本内容如图 1-4 所示。

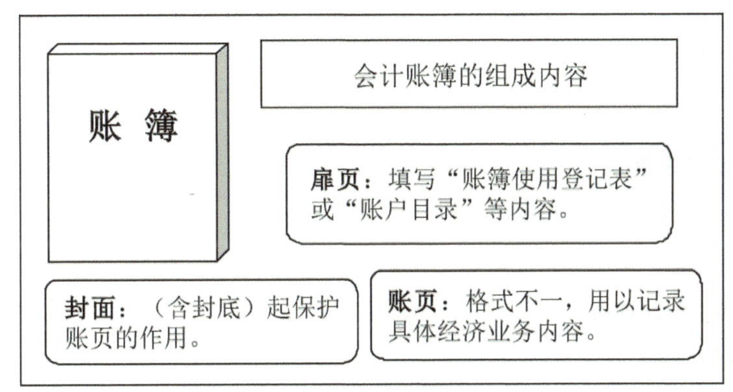

图 1-4　账簿的基本内容

（2）格式：借、贷、余三栏式。

（3）登记方法：

期初余额的登记：总账账户期初余额的登记方法基本相同，只是不同性质的账户在余额的登记方向上有所不同（图 1-5）。

汇总登记：对专用记账凭证进行汇总后，根据汇总的数字登记。

登记科目 → 总 账

20××年		摘 要	借 方										贷 方										借或	余 额									
月	日		千	百	十	万	千	百	十	元	角	分	千	百	十	万	千	百	十	元	角	分	贷	千	百	十	万	千	百	十	元	角	分
3	1	期初余额																					借				3	0	0	0	0	0	0
3	31	本期发生额				2	0	0	0	0	0	0				1	0	0	0	0	0	0	借				6	0	0	0	0	0	0
3	31	本年累计				2	0	0	0	0	0	0				1	0	0	0	0	0	0	借				6	0	0	0	0	0	0

简明扼要说明经济业务内容

根据科目汇总表借贷方汇总数据填列

根据余额的性质填列

计算填列

图 1-5 总账的填制方法

3. 建立日记账

日记账包含现金日记账与银行存款日记账等，所有经济单位都应设置现金、银行存款日记账，用以序时核算现金和银行存款的收入、付出和结存情况，以加强对货币资金的管理。现金日记账由出纳人员登记，它是根据审核无误的现金收、付款凭证或银行存款付款凭证，按照经济业务发生的顺序，逐日逐笔登记的账簿。现金日记账用订本式的三栏式账页，基本结构为“借方”“贷方”和“余额”三栏（图 1-6）。

银行存款日记账的账簿设置和基本结构（图 1-7）与现金日记账一样，也由出纳人员登记，它是根据审核无误的银行存款收、付款凭证或现金付款凭证，按照经济业务发生的顺序，逐日逐笔登记的账簿。每日终了应结出银行存款余额，月份终了，应根据企业账面结余数与银行对账单余额编制“银行存款余额调节表”进行核对。

4. 建立明细账

（1）三栏式（同总分类账）。

①格式：借、贷、余三栏式（图 1-8）。

②登记方法：逐笔登记。

③适用核算内容：往来款项等。

④特点：只提供价值指标。

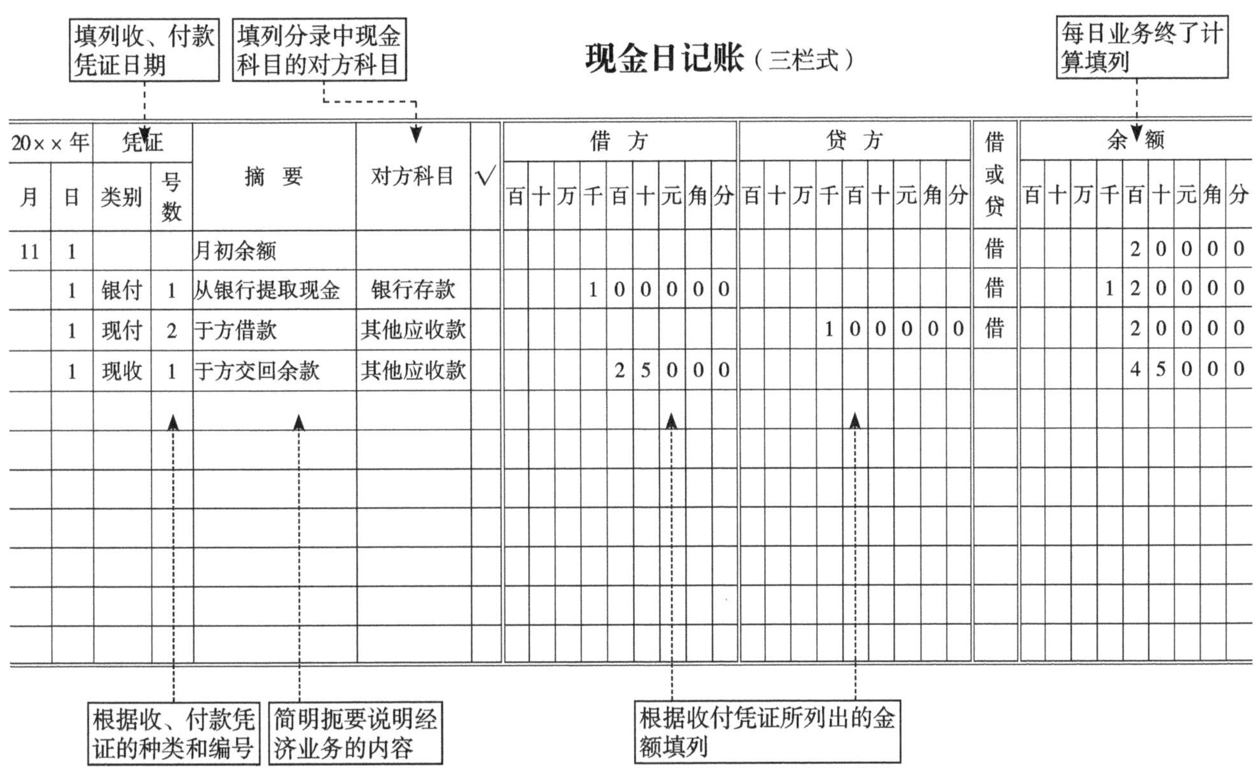

现金日记账（三栏式）

20××年 月	日	凭证 类别	凭证 号数	摘要	对方科目	√	借方（百十万千百十元角分）	贷方（百十万千百十元角分）	借或贷	余额（百十万千百十元角分）
11	1			月初余额					借	20000
	1	银付	1	从银行提取现金	银行存款		100000		借	120000
	1	现付	2	于方借款	其他应收款			100000	借	20000
	1	现收	1	于方交回余款	其他应收款		25000			45000

图 1-6　现金日记账

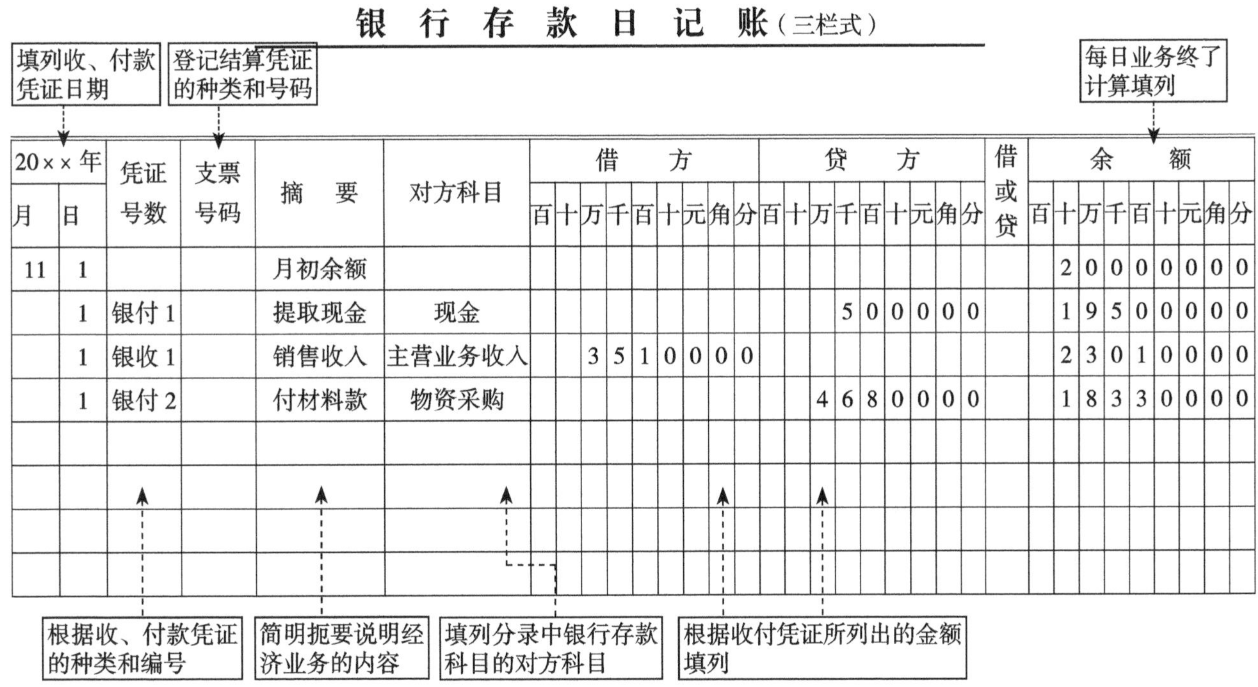

银　行　存　款　日　记　账（三栏式）

20××年 月	日	凭证号数	支票号码	摘要	对方科目	借方（百十万千百十元角分）	贷方（百十万千百十元角分）	借或贷	余额（百十万千百十元角分）
11	1			月初余额					20000000
	1	银付1		提取现金	现金		500000		19500000
	1	银收1		销售收入	主营业务收入	3510000			23010000
	1	银付2		付材料款	物资采购		4680000		18330000

图 1-7　银行存款日记账

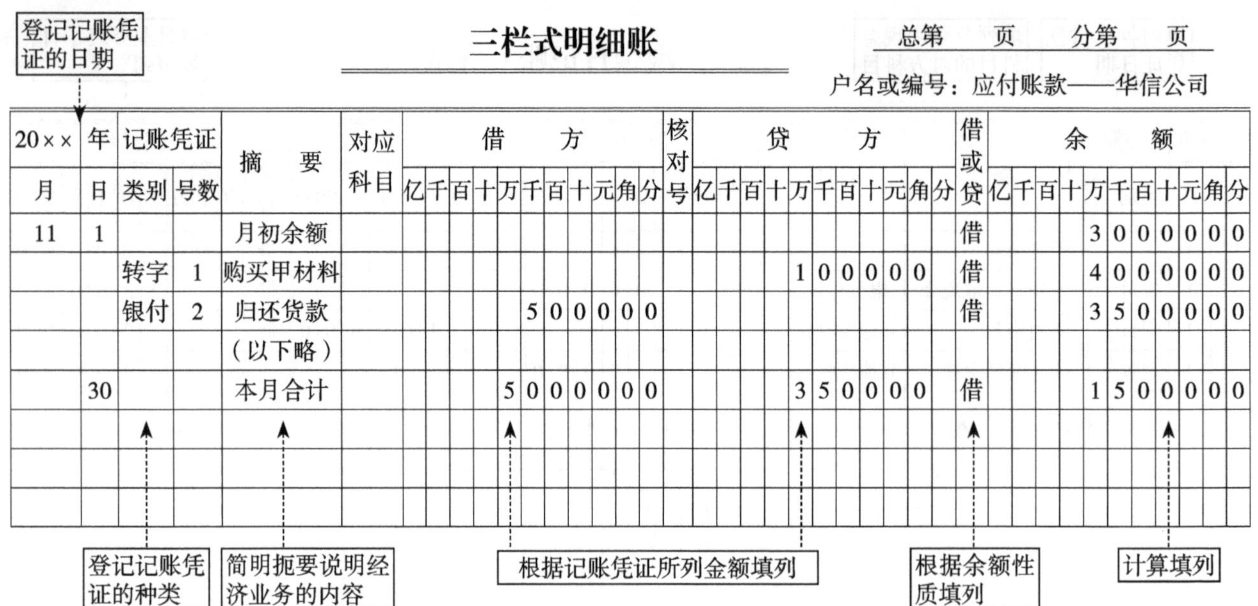

三栏式明细账

总第　页　分第　页

户名或编号：应付账款——华信公司

20××年		记账凭证		摘要	对应科目	借方											核对号	贷方											借或贷	余额										
月	日	类别	号数			亿	千	百	十	万	千	百	十	元	角	分		亿	千	百	十	万	千	百	十	元	角	分		亿	千	百	十	万	千	百	十	元	角	分
11	1			月初余额																									借					3	0	0	0	0	0	0
		转字	1	购买甲材料																		1	0	0	0	0	0		借					4	0	0	0	0	0	0
		银付	2	归还货款							5	0	0	0	0	0													借					3	5	0	0	0	0	0
				（以下略）																																				
	30			本月合计						5	0	0	0	0	0	0						3	5	0	0	0	0		借					1	5	0	0	0	0	0

图 1-8　三栏式明细账

（2）数量金额式。

①格式：借、贷、余三栏中分设数量、金额等栏（图 1-9）。

②登记方法：逐笔登记。

③适用核算内容：实物资产等。

④特点：既提供价值指标，又提供实物指标。

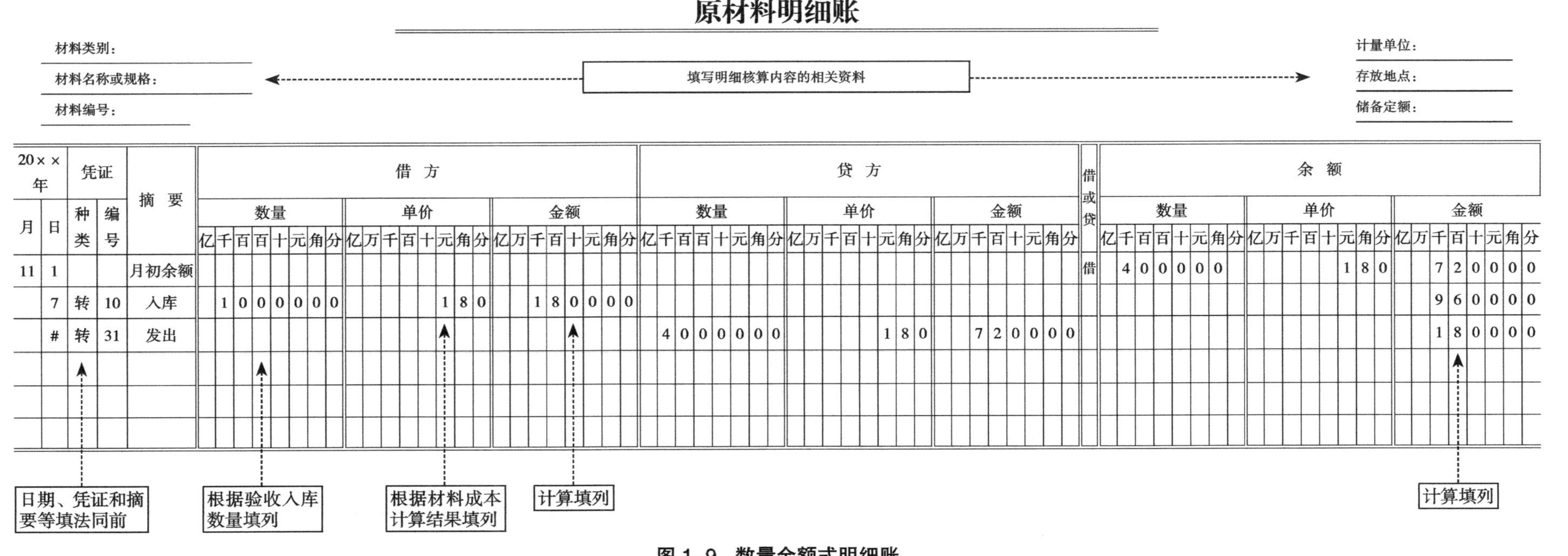

原材料明细账

材料类别：　　　　　　　　　　　　计量单位：

材料名称或规格：　　　　　　　　　存放地点：

材料编号：　　　　　　　　　　　　储备定额：

20××年 月	日	凭证 种类	凭证 编号	摘要	借方 数量	借方 单价	借方 金额	贷方 数量	贷方 单价	贷方 金额	借或贷	余额 数量	余额 单价	余额 金额
11	1			月初余额							借	400000	180	720000
	7	转	10	入库	1000000	180	180000							960000
	#	转	31	发出				4000000	180	720000				180000

图 1-9　数量金额式明细账

（3）多栏式。

①格式：按借方、贷方或借贷双方分别设置专栏（图 1-10）。

②登记方法：逐笔登记。

③适用核算内容：成本费用和收入等。

④特点：只提供价值指标；减少数用红字登记。

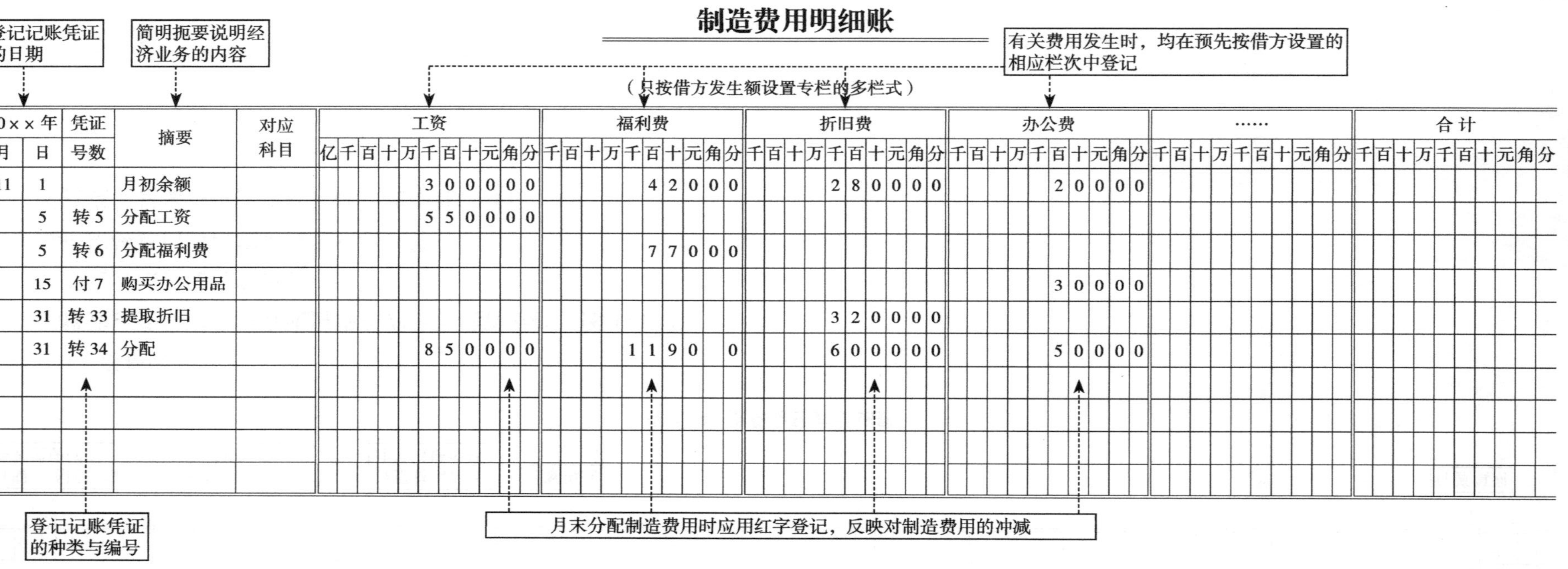

制造费用明细账

（只按借方发生额设置专栏的多栏式）

20××年 月	日	凭证号数	摘要	对应科目	工资（亿千百十万千百十元角分）	福利费（千百十万千百十元角分）	折旧费（千百十万千百十元角分）	办公费（千百十万千百十元角分）	……（千百十万千百十元角分）	合计（千百十万千百十元角分）
11	1		月初余额		3 0 0 0 0 0	4 2 0 0 0	2 8 0 0 0 0	2 0 0 0 0		
	5	转 5	分配工资		5 5 0 0 0 0					
	5	转 6	分配福利费			7 7 0 0 0				
	15	付 7	购买办公用品					3 0 0 0 0		
	31	转 33	提取折旧				3 2 0 0 0 0			
	31	转 34	分配		8 5 0 0 0 0	1 1 9 0 0	6 0 0 0 0 0	5 0 0 0 0		

图 1–10　多栏式明细账

二、原始凭证的填制和审核

原始凭证：是指在经济业务发生或完成时所取得或填制的、载明经济业务的具体内容，并且明确经济责任的具有法律效力的书面证明。

1. 原始凭证的基本内容

（1）原始凭证的名称。

（2）填制凭证的日期和凭证号码。

（3）填制凭证单位的名称或填制人姓名及公章（或专用章）。

（4）经济业务的内容。

（5）经济业务的数量、计量单位、单价和金额。

（6）接收单位的名称。

（7）经办人员的签名或盖章。

图 1-11 所示的增值税专用发票即为常见的原始凭证。

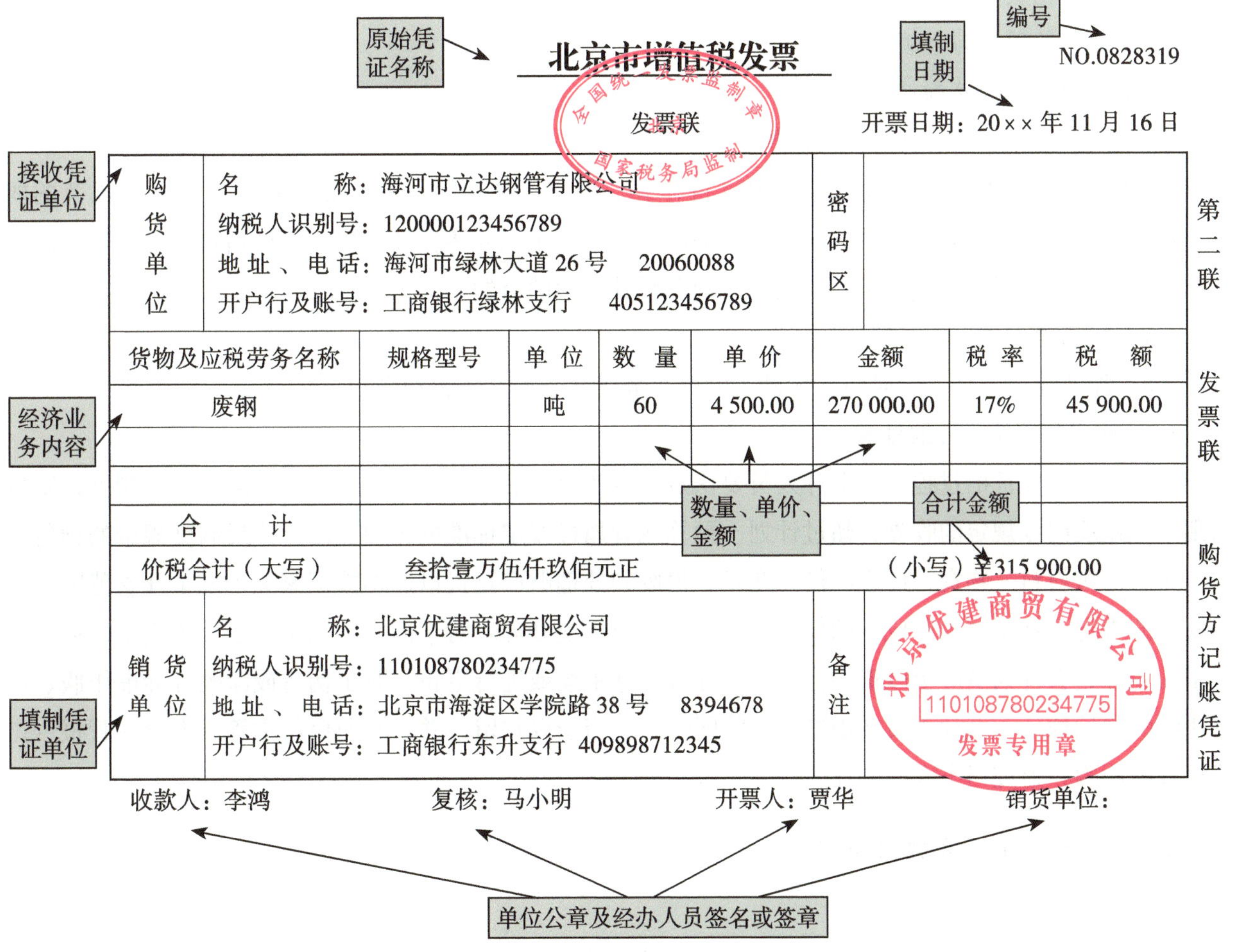

北京市增值税发票

NO.0828319

发票联

开票日期：20××年11月16日

购货单位
名称：海河市立达钢管有限公司
纳税人识别号：120000123456789
地址、电话：海河市绿林大道26号 20060088
开户行及账号：工商银行绿林支行 405123456789

密码区

货物及应税劳务名称	规格型号	单位	数量	单价	金额	税率	税额
废钢		吨	60	4 500.00	270 000.00	17%	45 900.00
合计							

价税合计（大写） 叁拾壹万伍仟玖佰元正 （小写）￥315 900.00

销货单位
名称：北京优建商贸有限公司
纳税人识别号：110108780234775
地址、电话：北京市海淀区学院路38号 8394678
开户行及账号：工商银行东升支行 409898712345

备注

收款人：李鸿 复核：马小明 开票人：贾华 销货单位：

第二联 发票联 购货方记账凭证

图 1-11 原始凭证示例

2. 原始凭证的填制（手工）

（1）记录真实。

（2）内容完整：原始凭证的内容必须具备上述“基本内容”。

（3）手续齐备。

（4）填制及时。

（5）书写清晰、规范（适用于所有会计凭证）。

3. 原始凭证的审核和监督

（1）真实性、合法性、合理性。对不真实、不合法的原始凭证，不予受理；对弄虚作假、严重违法的原始凭证，在不予受理的同时，应当予以扣留，并及时向单位领导人报告，请求查明原因，追究当事人的责任。合理性是指是否符合节约和讲求经济效益的原则。

（2）准确性、完整性。对记载不准确、不完整的原始凭证，予以退回，要求经办人员更正、补充。

4.原始凭证中容易出现的错误与舞弊

原始凭证中容易出现的错误与舞弊主要有：

（1）内容记载含糊不清，或故意掩盖事实真相，进行贪污作弊。

（2）单位抬头不是本单位。

（3）数量、单价与金额不符。

（4）无收款单位签章。

（5）开具阴阳发票，进行贪污作弊。

（6）在整理和粘贴原始凭证过程中进行作弊。例如：利用单位原始凭证粘贴、整理不规范的弱点，在进行粘贴、整理时，采用移花接木的手法，故意将个别原始凭证抽出，等以后再重复报销；或在汇总原始凭证金额时，故意多汇或少汇，达到贪污其差额的目的。

（7）模仿领导笔迹签字冒领。

（8）涂改原始凭证上的时间、数量、单价、金额，或添加内容和金额。

5. 对有问题原始凭证的处理

在审核原始凭证的过程中，会计人员要认真执行《会计法》所赋予的职责、权限，坚持制度，坚持原则。对违反国家规定的收支，超过计划、预算或者超过规定标准的各项支出，违反制度规定的预付款项，非法出售材料、物资，任意出借、变卖、报废和处理财产物资以及不按国家关于成本开支范围和费用划分的规定乱挤乱摊生产成本的凭证，会计人员应拒绝办理。对于内容不完全、手续不完备、数字有差错的凭证，会计人员应予以退回，要求经办人补办手续或进行更正。对于伪造或涂改等弄虚作假、严重违法的原始凭证，会计人员在拒绝办理的同时，应当予以扣留，并及时向单位主管或上级主管报告，请求查明原因，追究当事人的责任。

三、记账凭证的填制与审核

1. 记账凭证

记账凭证是由财会部门根据审核无误的原始凭证填制的，载明经济业务的简要内容，确定会计分录，并直接据以登记会计账簿的会计凭证。会计机构、会计人员要据审核无误的原始凭证填制记账凭证。记账凭证种类如图 1–12 所示。

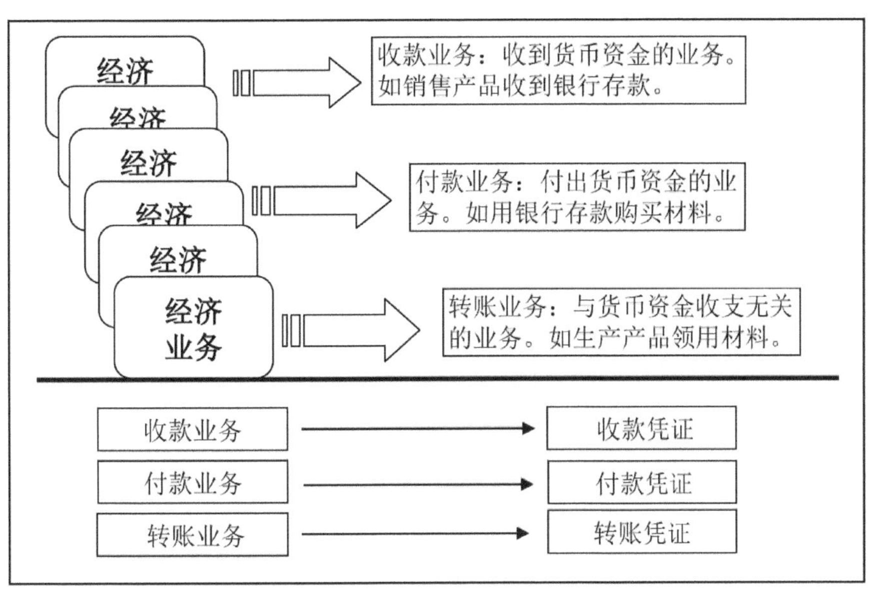

图 1-12　记账凭证种类

2. 基本内容

（1）填制凭证的日期。

（2）凭证编号。

（3）经济业务摘要。

（4）会计科目。

（5）金额。

（6）所附原始凭证的张数。

（7）填制凭证人员、稽核人员、记账人员、会计机构负责人、会计主管人员签名或盖章，收款和付款记账凭证还应由出纳签名或盖章（图 1-13）。

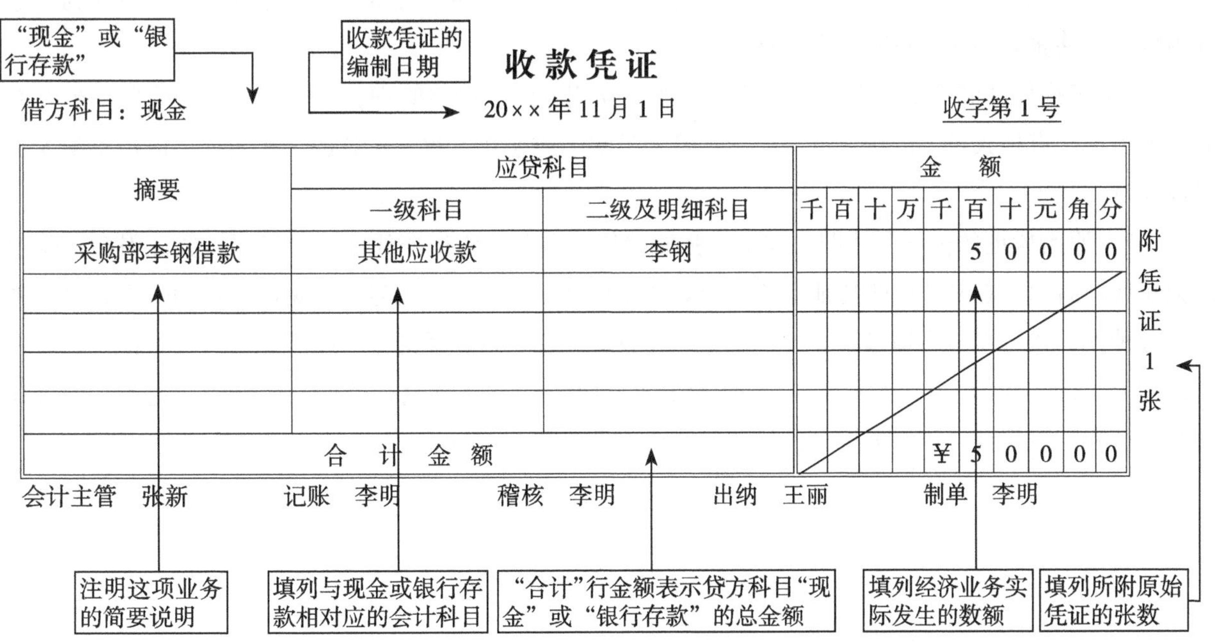

收款凭证

借方科目：现金　　　20×× 年 11 月 1 日　　　收字第 1 号

摘要	应贷科目		金额									
	一级科目	二级及明细科目	千	百	十	万	千	百	十	元	角	分
采购部李钢借款	其他应收款	李钢						5	0	0	0	0
合　计　金　额							¥	5	0	0	0	0

附凭证 1 张

会计主管　张新　　记账　李明　　稽核　李明　　出纳　王丽　　制单　李明

图 1-13　收款凭证的填制

3. 编制记账凭证的要求（手工）

编制记账凭证时，要对原始凭证进行审核，无误后才能编制记账凭证。

在编制记账凭证时，一般应符合如下要求：

（1）记账凭证中的日期要清楚。收、付款凭证一般应填写经济业务的发生日期，因为收、付款业务一经发生，就应根据原始凭证填制记账凭证。转账凭证上的日期，一般应写转账凭证的填制日期。但有些属于当月的经济业务，如费用的分配或成本、利润的结转等，需要到下月初才能编制转账凭证，则应填写当月末的日期，以便记入当月账内，正确计算当月的经营成果。

（2）记账凭证的摘要要明确。以简明扼要的文字概括经济业务的内容，据此登记账簿，便于日后查阅。为了使摘要写得简明扼要，应尽可能使用一般会计通用的代用符号。如人民币元用“¥”，第几号用“#”，单价用“@”等。尽可能用会计通用术语，如结转、冲转、转存、冲销、核销等。

（3）会计科目应列明一级、二级以及明细项目。其目的是方便按会计科目归类汇总和登记有关明细账簿和总账。

（4）记账凭证中的金额要准确。记账凭证中每一会计科目的金额必须与所附原始凭证或原始凭证汇总表中的有关金额相一致。记账凭证中的借方金额必须与贷方金额合计数相等。角分不要留空白，可写“00”。写完一张凭证后，金额栏剩余的空行可划一斜线注销。金额合计第一位数前应加人民币符号“¥”。

（5）记账凭证的编号要科学。对记账凭证进行编号，是为了便于记账凭证与账簿的核对，了解记账凭证是否齐全。记账凭证一般是按月顺序编号，即每月从第一天第一笔会计事项的分录由第一号编起，顺序编至月末，也可按现金、银行、转账三类业务编号。记账凭证一般是一张编一个号，如果发生复杂的会计事项，需要编制两张以上的记账凭证时，可采用“分数编号法”，即加编分号，例如，5 号会计事项分录有三张记账凭证，加编的分号为 $5\frac{1}{3}$，$5\frac{2}{3}$ 号，$5\frac{3}{3}$ 号。

（6）记账凭证附件张数的计算要准确。为了保证原始凭证完整无缺，记账凭证中附件张数的计算，应以所附原始凭证的自然张数为准，凡是说明记账凭证中该项经济业务记录的证件，应作为原始凭证附件，有一张算一张，将附件全部计算在内。

（7）记账凭证签章要齐全。为了使经济业务互相制约，严格管理，减少差错，记账凭证中要有填制凭证人员、审核人员、记账人员、会计主管人员签名或盖章。收、付款的记账凭证还应由出纳人员签名或盖章。

（8）原始凭证的位置要注明。如果一张原始凭证涉及几张记账凭证，可把原始凭证附在一张主要的记账凭证后面，在其他记账凭证上注明附有原始凭证的记账凭证编号。常见的凭证编号方式有三种：①不分种类，按日期顺序编号；②分成三类，即收款凭证、付款凭证、转账凭证，每一类按自己的顺序连续编号（图 1–14）；③分成五类，即现金收款凭证、银行存款收款凭证、现金付款凭证、银行存款付款凭证和转账凭证，每一类按自己的顺序连续编号（图 1–15）。

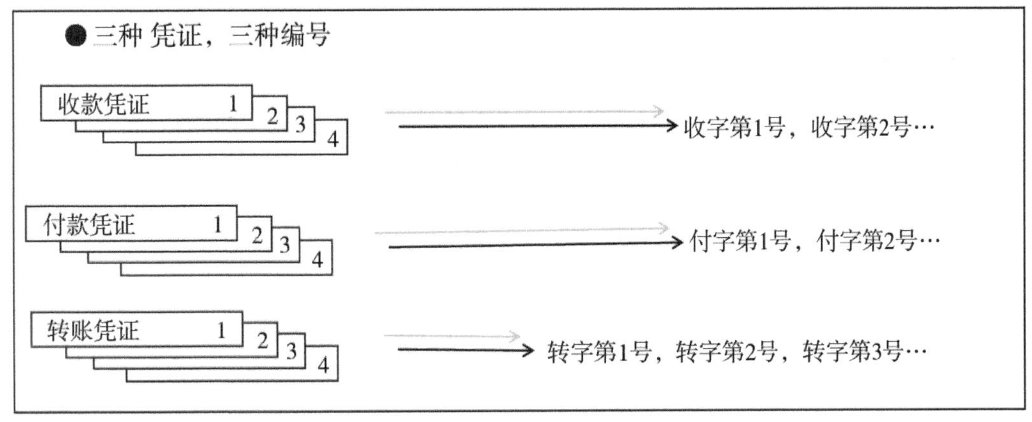

图 1–14

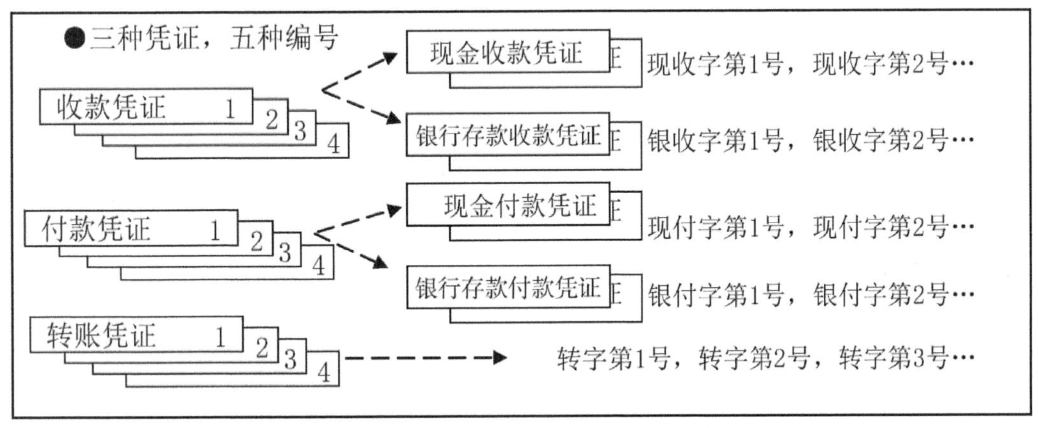

图 1–15

4. 错误更正

填制记账凭证发生错误，应当重新填制或按规定办理更正手续。

5. 填写要求

字迹工整、清晰、编制及时。多余的金额栏划线注销。合计金额第一位数字前加币种符号。

6. 机制记账凭证的要求

实行会计电算化的单位，对于机制记账凭证应当符合记账凭证的一般要求，打印出来的机制记账凭证要加盖制单人员、审核人员、记账人员和会计机构负责人、会计主管人员印章或签字，以加强审核，明确责任。

7. 审核

（1）附件审核（张数、金额、内容与记账凭证是否相符）。

（2）内容的合法性（经济业务内容）。

（3）记录的正确性。

（4）手续是否齐全（责任明确）。

值得注意的是，现金和银行存款之间的存取（相互划转）业务，为避免重复记账，应统一按减少方填制付款凭证，而不填制收款凭证。

四、会计凭证的传递

1. 会计凭证传递的含义

会计凭证的传递是指记账凭证和原始凭证在会计主体内部有关人员之间的传递，其过程如图 1–16 所示。

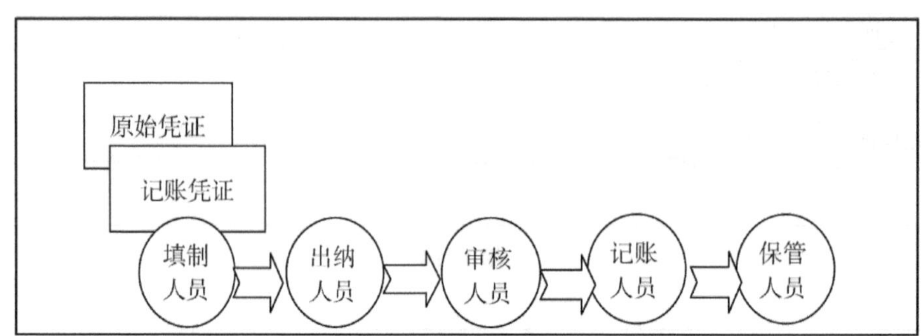

图 1–16　会计凭证传递

2. 会计凭证的保管

会计凭证的保管，是指会计凭证登账后的整理、装订和归档存查。会计凭证是记账的依据，是重要的经济档案。所以对会计凭证必须要妥善整理和保管，不得丢失和任意销毁。对使用过的会计凭证的保护与管理如图 1–17 所示。

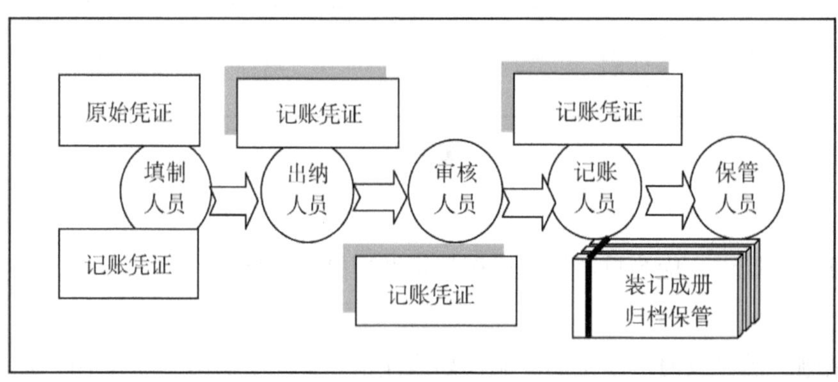

图 1–17　会计凭证的保管

五、登记账簿

1. 登账的时间

（1）日记账的登记时间。出纳人员应该根据办理完毕的收付记账凭证，逐笔顺序登记现金与银行存款日记账。每日终了要结出余额。

（2）明细账的登记时间。可以根据原始凭证，汇总的原始凭证或记账凭证逐日进行登记，也可以根据这些凭证定期（3 天或 5 天）登记。但各项债权债务明细账应每日登记，以便随时与对方结算；财产物资明细账也要每天登记，以便随时核对存货余额。

（3）总账的登记时间。总账账户要按照既定的会计核算形式及时记账。采用记账凭证核算形式记账的单位，直接根据记账凭证定期登记总账，采用汇总记账凭证核算形式记账的单位，可以根据汇总收款凭证、汇总付款凭证和汇总转账凭证的合计数，月终时一次登记总账；采用科目汇总表核算形式的单位，可以根据每次汇总编制的科目汇总表随时登记，也可以在月终时，根据科目汇总表中各科目发生额的合计数一次登记。

2. 登账的基本规则

（1）根据凭证记账，登记内容齐全。

（2）使用蓝黑墨水，红字限制使用。

（3）账页连续登记，不得隔页跳行（图 1–18）。

（账页连续登记、不得隔页跳行）

原材料　总账

空行的处理

年		摘要	借方										贷方										借或贷	余额									
月	日		千	百	十	万	千	百	十	元	角	分	千	百	十	万	千	百	十	元	角	分		千	百	十	万	千	百	十	元	角	分
12	5	承前页																					借				2	0	0	0	0	0	0
	5	入库				1	0	0	0	0	0	0											借				3	0	0	0	0	0	0
		此行注销 张清																															
	7	出库															5	0	0	0	0	0	借										

图 1–18　登账过程中空行的处理

（4）记账发生错误，按规定方法更正。

（5）说明简明扼要，书写适当留格（图 1–19）。

生产成本　总　账

年		凭证号数	摘要	借方										贷方										借或贷	余额									
月	日			千	百	十	万	千	百	十	元	角	分	千	百	十	万	千	百	十	元	角	分		千	百	十	万	千	百	十	元	角	分
11	1		本期发生额				1	0	0	0	0	0	0																					

书写正确（不能超过行高 1/2）

图 1–19　登账的书写方法

（6）账页结转说明（图 1–20）。

原材料　总账

年		摘要	借方										贷方										借或贷	余额									
月	日		千	百	十	万	千	百	十	元	角	分	千	百	十	万	千	百	十	元	角	分		千	百	十	万	千	百	十	元	角	分
12	1	承前页																					借				2	0	0	0	0	0	0
	31	入库				1	0	0	0	0	0	0											借				3	0	0	0	0	0	0
	31	出库															5	0	0	0	0	0	借				2	5	0	0	0	0	0
	31	过次页				1	0	0	0	0	0	0					5	0	0	0	0	0	借				2	5	0	0	0	0	0

账页的最后一行

原材料　总账

年		摘要	借方										贷方										借或贷	余额									
月	日		千	百	十	万	千	百	十	元	角	分	千	百	十	万	千	百	十	元	角	分		千	百	十	万	千	百	十	元	角	分
12	31	承前页				1	0	0	0	0	0	0					5	0	0	0	0	0	借				2	5	0	0	0	0	0

新账页的第一行

图 1-20　账页结转说明

（7）注明余额方向（图 1-21）。

原材料　总账

这里为余额方向栏，有余额时写借或贷。

年		摘要	借方										贷方										借或贷	余额									
月	日		千	百	十	万	千	百	十	元	角	分	千	百	十	万	千	百	十	元	角	分		千	百	十	万	千	百	十	元	角	分
12	1	月初余额																					借			2	0	0	0	0	0	0	0
	31	入库				1	0	0	0	0	0	0											借			3	0	0	0	0	0	0	0
	31	出库															5	0	0	0	0	0	借			2	5	0	0	0	0	0	0
																							平										

没有余额时写平。

图 1-21　登账中应注明余额方向

（8）做好记账标记（图 1-22）。

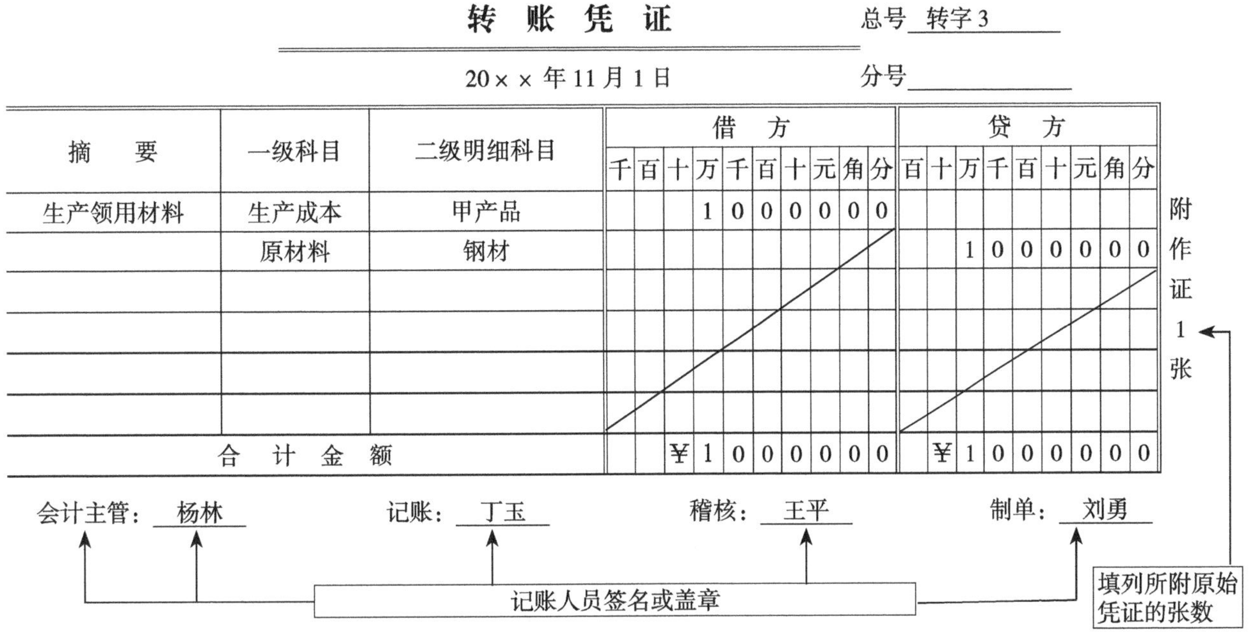

转 账 凭 证　　总号 转字 3

20×× 年 11 月 1 日　　分号

摘　要	一级科目	二级明细科目	借　方										贷　方								
			千	百	十	万	千	百	十	元	角	分	百	十	万	千	百	十	元	角	分
生产领用材料	生产成本	甲产品				1	0	0	0	0	0	0									
	原材料	钢材													1	0	0	0	0	0	0
合　计　金　额					¥	1	0	0	0	0	0	0		¥	1	0	0	0	0	0	0

附作证 1 张

会计主管：杨林　　记账：丁玉　　稽核：王平　　制单：刘勇

图 1-22　做好记账标记

六、错账更正方法

1. 错账的基本类型（记账凭证与账簿登记环节）

（1）记账凭证正确但登记账簿发生错误（图 1-23）。

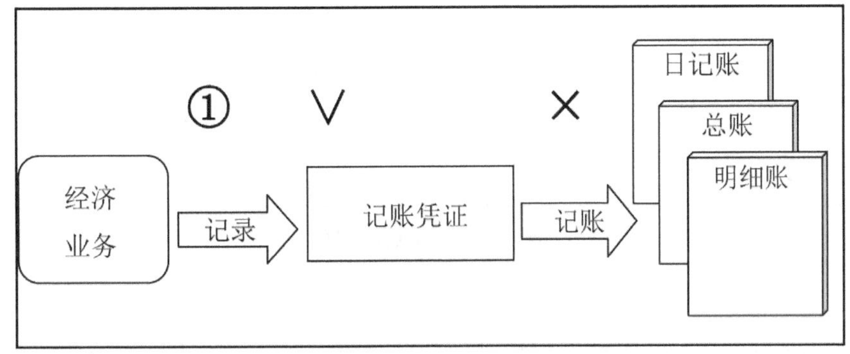

图 1-23　记账凭证正确但登记账簿发生错误

（2）记账凭证错误引发账簿登记错误（图 1-24）。

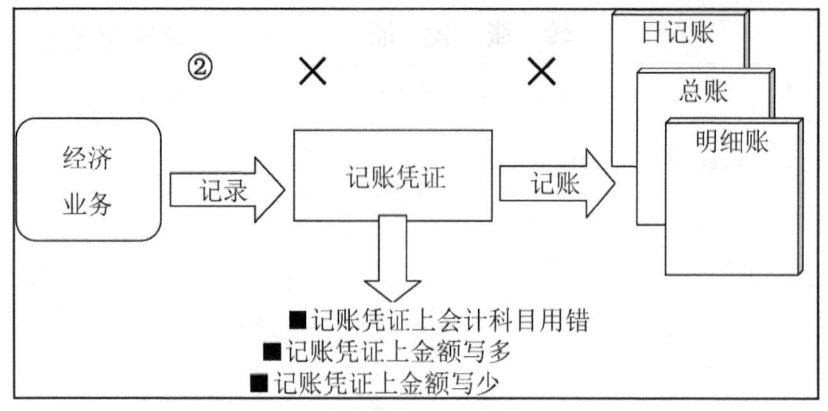

图 1-24　记账凭证错误引发账簿登记错误

2. 更正错账的具体方法

（1）划线更正法。适用于更正记账凭证正确只是记账时发生的错账。

【例】用银行存款 3 275 元购买办公用品。记账凭证上编制的分录为：

借：管理费用　3 275

　贷：银行存款　3 275

※ 错账：账户中登记为 3 725。更正方法如图 1-25 所示：

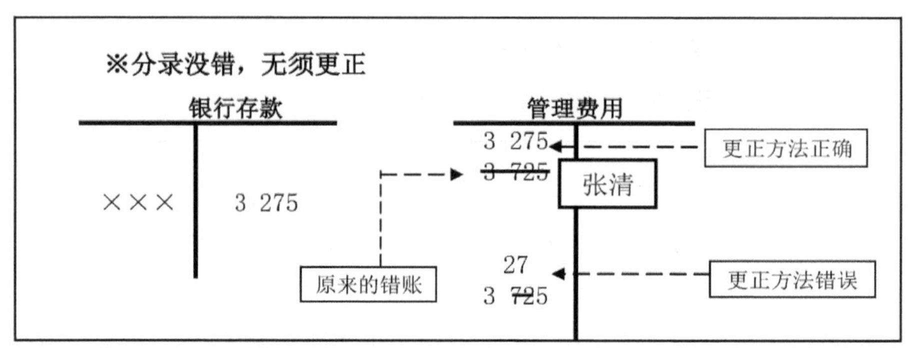

图 1-25　划线更正法

注意问题：

对错误的数字必须全部划掉，不能只划掉其中的部分数字。

划掉的数字必须保持清晰可见。

（2）红字更正法。

①适用于更正记账凭证会计科目用错而引发的错账。

【例】企业用银行存款 2 500 元支付产品广告费。错误分录为：

借：管理费用　2 500

　贷：银行存款　2 500

※ 错账：借方科目应为“营业费用”。更正方法如图 1-26 所示：

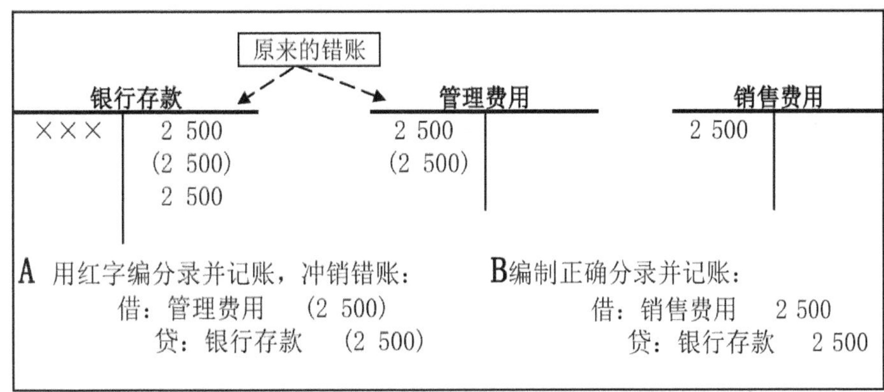

图 1-26　红字更正法

注意问题：对登记没有错误的账户也要重新登记，不能只登记原来错账的账户。

②适用于更正记账凭证上金额写多而引发的错账。

【例】用银行存款 50 元支付银行手续费。错误分录为：

借：财务费用　500

　贷：银行存款　500

※ 错账：分录中金额写多。更正方法如图 1-27 所示：

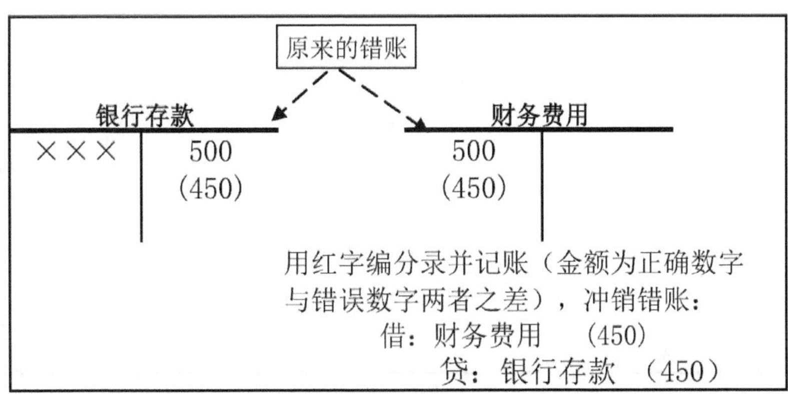

图 1-27　红字更正法

（3）补充登记法。适用于更正记账凭证上金额写少而引发的错账。

【例】收到某单位归还的欠款 3 500 元存入银行。错误分录为：

借：银行存款　350

　贷：应收账款　350

※ 错账：会计分录中金额写少。更正方法如图 1-28 所示：

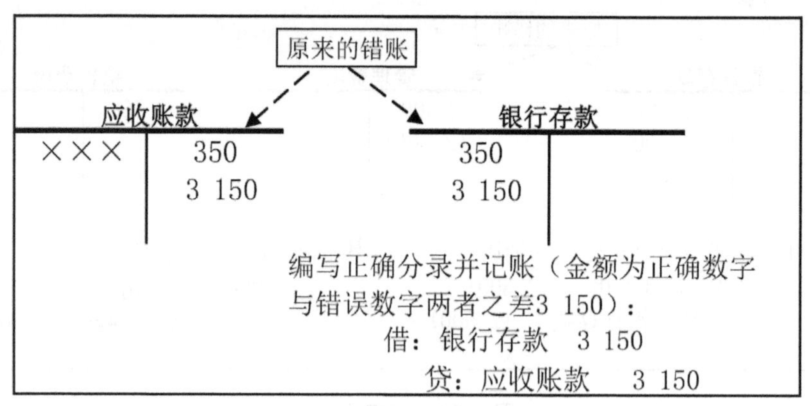

图 1-28 补充登记法

七、结账

1. 结账的含义

在会计期末对一定时期内账簿记录所做的结束工作。主要是结算出每个账户的本期发生额和期末余额，并结转下一会计期间，如图 1-29 所示。

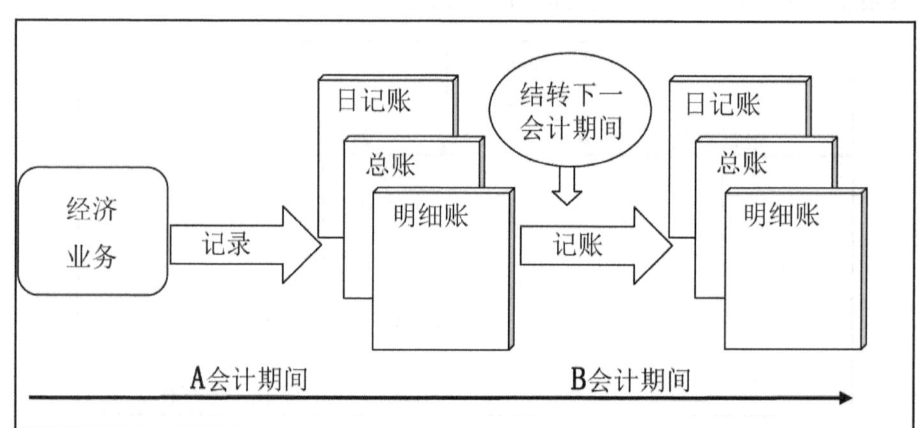

图 1-29 结账的流程

2. 结账的步骤（图 1–30）

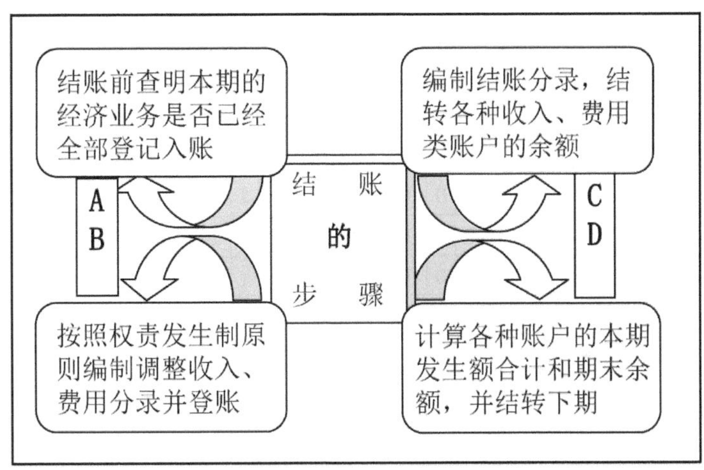

图 1–30　结账的步骤

3. 结账的方法

（1）月结：每月末进行的结账（图 1–31）。

原材料　　总　账

年		摘　要	借　方										贷　方										借或贷	余　额									
月	日		千	百	十	万	千	百	十	元	角	分	千	百	十	万	千	百	十	元	角	分		千	百	十	万	千	百	十	元	角	分
1	1	上月结转																					借				1	2	0	0	0	0	0
1	31	本月合计				1	0	0	0	0	0	0				1	2	0	0	0	0	0	借				1	0	0	0	0	0	0
2	1	上月结转																					借				1	0	0	0	0	0	0

在其上下各划一条单红线　　　　将余额结转下月

图 1–31　月结的方法

（2）年结：年末时进行的结账（图 1–32）。

原材料　　总　账

年		摘　要	借　方										贷　方										借或贷	余　额									
月	日		千	百	十	万	千	百	十	元	角	分	千	百	十	万	千	百	十	元	角	分		千	百	十	万	千	百	十	元	角	分
1	1	上年结转																					借				1	2	0	0	0	0	0
12	31	本月合计				3	0	0	0	0	0	0				2	5	0	0	0	0	0	借				1	0	0	0	0	0	0
		本年合计			1	5	0	0	0	0	0	0			1	5	2	0	0	0	0	0	借				1	0	0	0	0	0	0
		上年结余				1	2	0	0	0	0	0																					
		结转下年														1	0	0	0	0	0	0											
		合计			1	6	2	0	0	0	0	0			1	6	2	0	0	0	0	0											

计算出本年度12个月发生额合计数和余额。“摘要”栏注明“本年合计”。其下划双红线
将上年结转来的余额按其相同的方向记入该行的借（或贷）方栏（上年结余＋本年增加）
进行借贷双方的合计收入＝支出
将本年的余额按其相反的方向记入这一行的（借）贷方栏内（本年减少＋本年结余）

图1-32　年结的方法

八、账簿的核对

1. 账证核对

账簿记录与原始凭证的时间、凭证字号、内容、金额是否一致，记账方向是否相符。

2. 账账核对

不同会计账簿之间的记录是否相符。包括：总账有关账户的余额核对，总账与明细账核对，总账与日记账核对，会计部门的财产物资保管和使用部门的有关明细账核对等。

3. 账实核对

与财产等实有数是否相符。包括：现金日记账账面余额与实际库存数相核对；银行存款日记账账面余额定期与银行对账单相核对；各种财物明细账账面余额与实存数相核对；各种应收、应付款明细账账面余额与有关债权、债务单位或个人核对等。

九、会计凭证的装订

1. 凭证的整理

会计凭证登记完毕后，应将记账凭证连同所附的原始凭证或者原始凭证汇总表，按照编号顺序折叠整齐，准备装订。会计凭证在装订之前，必须进行适当的整理，以便于装订。

2. 凭证的装订

凭证装订是指将整理完毕的会计凭证加上封面和封底，装订成册，并在装订线上加贴封签的一系列工作。科目汇总表的工作底稿也可以装订在内，作为科目汇总表的附件。使用计算机的企业，还应将转账凭证清单等装订在内。

第二章　会计实务实训企业经营背景情况介绍

［学习目标］了解会计实务实训企业所处的行业、生产经营的范畴及供、产、销流程情况。学生以企业会计工作者的姿态，掌握企业的会计制度及有关规范，深入企业开展会计工作。

第一节　模拟案例企业经营背景情况

本会计实务实训案例的实际背景企业为天太钢管集团股份有限公司，该企业集团股份有限公司投资拥有十余个子公司。会计实训案例海河钢管制造有限公司设计为该集团股份有限公司的一个子公司。为保护天太钢管集团股份有限公司的商业经营秘密和企业利益，同时使会计专业学生更深入了解实际企业的生产经营活动过程，以企业会计工作者的姿态，熟知企业的会计制度及新会计准则规范的基本运用，深入企业开展会计工作，综合、全面地掌握实际企业会计实务操作技能，本会计实务实训案例在生产经营流程高度仿真的基础上，对企业的组织机构设置、经营业务的发生进行了适当的简化和调整，形成此套仿真、完善的企业会计实务核算案例体系，这里我们对于天太钢管集团股份有限公司有关部门深谙企业经营及会计实操的专家指导，对于集团公司教育机构、宣传机构、分厂领导和专家们的大力支持与帮助，表示衷心的感谢!

天太钢管集团股份有限公司地处海河市开发新区，是目前国内重要的石油套管生产基地。该公司1989年破土动工，1992年热试成功，1996年正式投产。原设计为年产钢坯60万吨，无缝钢管50万吨，其中石油套管35万吨。主要产品还有高中压锅炉管、高压气瓶管、液压支架管、管线管等专用管材。

公司以“创新、超前、高效、严细、团结、拼搏”为准则，不断提高驾驭发展、引领发展的素质和能力，创造性地开展工作，成为敢创新、作风正的坚强领导集体。持续进行“国家队”思想教育，使广大干部职工牢记党和国家的重托，坚定搞好国有大型企业的信心，为建设世界级钢管基地拼搏奉献。激励干部职工知难而进、敢为人先、勇攀高峰，营造了特有的企业文化氛围。激发干部职工的政治责任感和历史使命感，开掘企业发展的动力源泉。

公司始终着眼发展主题，“居安思危、居危思变，提升企业竞争力”。不满足于技术装备的暂时领先，自觉坚持高标准，追求高水平，自加压力，负重前进。不断增强危机意识、忧患意识和加快发展的责任感、紧迫感，科学地把握发展大势，抢抓历史性机遇，充分预测发展中的难题，以前瞻性思维研究发展思路，把握发展方向，推进企业不断迎接新挑战，实现新跨越。

公司把提高自主创新能力作为企业发展的战略基点，充分发挥技术装备的领先优势，实施科技兴企战略，走科技效益型发展道路。正确把握引进技术和自主创新的关系，加大消化吸收再创新、集成创新、原始创新的力度，在关键技术和重要产品的研制上不断取得新的突破，以科技优势提升企业发展水平。坚持技术改造不停步，持续进行炼钢、轧管、管加工的系列改造，使整体工艺装备保持了最佳组合水平。坚持新品开发不停步，研制生产了一批适应各种复杂地质条件、特异性强的高技术含量、高附加值的特殊用途石油套管，满足了用户的个性化需求。

公司按照全面协调可持续发展的要求，不断调整和完善产业产品的发展方向和总体构想。坚持做强做大做精做久钢管主业，通过技术改造、新项目建设和低成本扩张，提高产品集中度，打造规模优势；实施差异化战略，加快技术进步，打造技术优势；不断提高产品质量，提升企业信誉度，打造品牌优势；加强供应链管理，用好国内外两种资源，建设资源节约型和生态保护型企业，形成可持续发展的优势，以独有的核心竞争力成为世界同行业单厂生产规模最大、技术装备水平最高的企业。坚持一业为主、适度多元发展，形成了管材、板材、铜材、设备制造、国际贸易及物流等多产业的格局。优化产业产品结构，加快集团化发展步伐，提高企业核心竞争力。

公司把构建和谐企业作为加快发展的重要目标，为企业持续快速健康发展创造良好的条件。推进人力资源管理改革，加大用工制度、人事制度、分配制度改革的力度，培养和用好现有人才，引进拔尖人才，建设经营管理、专业技术、技能操作三支队伍，构筑各类人才的成长通道，激发职工队伍的创造活力。坚持全心全意依靠职工办企业，深化“厂务公开、民主管理”，维护职工合法权益，确保职工群众的知情权、参与权、决策权和监督权。推进“素质工程”，建立各层次人员的培训和激励机制，促进职工队伍的知识更新、能力提升，为职工的全面发展搭建舞台。坚持为职工办好事办实事，不断改善职工生产生活环境，提高职工收入，形成拴心留人的长效机制。加强和谐文化建设，培育企业核心价值观，加强和改进思想政治工作，打造企业管理特色和文化优势，增强了企业的凝聚力和创造力。公司坚持以人为本，增强企业凝聚力和创造活力，努力构建和谐企业。

在新的历史发展时期，天太钢管将全面落实科学发展观，坚持走新型工业化道路，抢抓海河新区开发开放的历史性机遇，加快实施“十二五”规划和“三步走”战略，追求先进永不停步，当好“国家队”，打好“世界杯”，加快国际化经营步伐，建成国际领先的石油钢管制造基地，为我国钢管行业的发展做出应有的贡献。

第二节　实训企业组织、规模、产品、生产加工工艺资料介绍

一、企业设立及企业类型

（1）企业名称：海河钢管制造有限责任公司

（2）法定代表人：马成功

（3）企业设立时间：2010 年 1 月

（4）企业类型：有限责任公司

（5）企业注册资本：叁亿元人民币

其中：中国黄河资产管理公司投入陆仟万元人民币

海河康安股份有限责任公司投入贰亿肆仟万元人民币

地址：海河市五大道 107 号

（6）企业纳税人登记号：120000123456789

（7）银行存款账号：工商银行海苑支行（人民币户）　3061234567890000006

工商银行海苑支行（外币户）　3071234567890000007

海河银行滨海支行（纳税户）　3081234567890000008

（8）联系电话：022-20060066

（9）邮政编码：308118

二、企业组织机构设置

海河钢管制造有限责任公司为海河康安股份有限责任公司下属子公司，共有员工 814 人，其中管理人员 100 人，基本生产车间生产工人 681 人，管理人员 19 人；辅助生产车间 14 人，其中生产工人 11 人，车间管理人员 3 人。企业设董事会，董事长由海河康安股份有限责任公司投资方担任，董事会由股东大会选举产生。董事长直接聘总经理一人。总经理聘任副总经理以及财务部和销售部经理各一人。其他生产车间及管理部门采取部门经理或部长负责制。该公司组织管理机构设置及人员分布情况如图 2-1 所示。

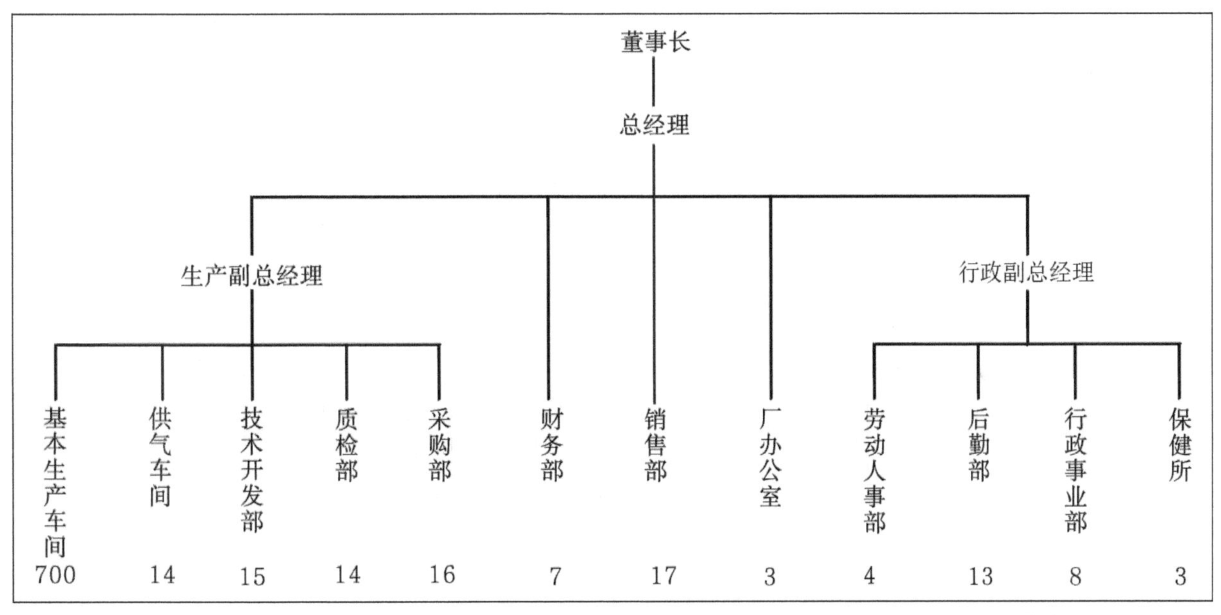

图 2-1　海河钢管制造有限责任公司组织架构

三、企业生产经营范围及生产技术要求

本企业主要生产并销售石油开采用套管和地下热水开采用套管。产品类型分为地质井管和地热管及特殊用途的无缝钢管。产品主要满足国内外石油钻探和地热水输送工程使用需要以及重要建筑施工工程需要。主要产品规格有地质井管 150#、地质井管 200#、地热管 180# 和地热管 240# 等。产品均达到国家认证标准。

四、套管生产工艺流程

套管生产工艺流程如图 2-2 所示。

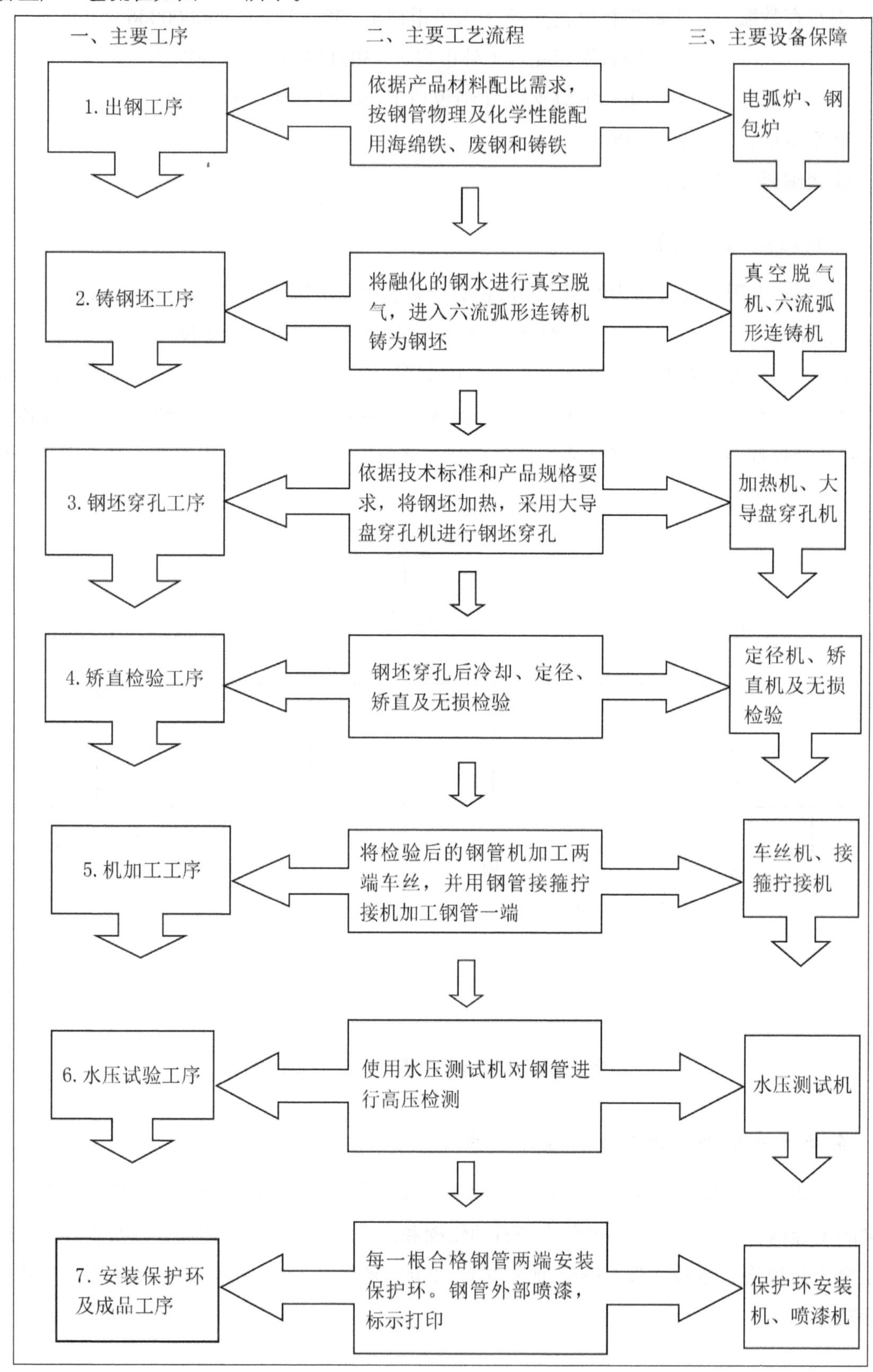
一、主要工序
二、主要工艺流程
三、主要设备保障
1. 出钢工序
依据产品材料配比需求，按钢管物理及化学性能配用海绵铁、废钢和铸铁
电弧炉、钢包炉
2. 铸钢坯工序
将融化的钢水进行真空脱气，进入六流弧形连铸机铸为钢坯
真空脱气机、六流弧形连铸机
3. 钢坯穿孔工序
依据技术标准和产品规格要求，将钢坯加热，采用大导盘穿孔机进行钢坯穿孔
加热机、大导盘穿孔机
4. 矫直检验工序
钢坯穿孔后冷却、定径、矫直及无损检验
定径机、矫直机及无损检验
5. 机加工工序
将检验后的钢管机加工两端车丝，并用钢管接箍拧接机加工钢管一端
车丝机、接箍拧接机
6. 水压试验工序
使用水压测试机对钢管进行高压检测
水压测试机
7. 安装保护环及成品工序
每一根合格钢管两端安装保护环。钢管外部喷漆，标示打印
保护环安装机、喷漆机

图 2-2 套管生产工艺流程

第三节　实训企业会计核算制度简介

本企业会计核算制度是按照《企业会计准则》及国家相关经济法和税法制定的。根据本企业生产经营规模和特点，根据企业财务管理要求，其主要内容如下：

一、库存现金定额制度

企业库存现金实行限额管理。开户银行与企业共同制定库存现金限额 50 000 元。当库存现金超过现金定额时，应及时送存银行。

二、定额备用金制度

企业采用定额备用金制度。平时有关部门使用备用金进行零星开支，累计发生到一定金额一并到财务部门报账，财务部一次性以现金补足备用金限额。

其中：

总经理办公室　10 000 元

采购部　15 000 元

销售部　15 000 元

后勤部　10 000 元

三、差旅费报销制度

企业各职能部门人员外出采购材料、销售产品、催收货款、参加培训及会议等，经审批可以乘坐飞机、火车或汽车前往。外出住宿每昼夜一般不得超过 400 元标准。出差期间伙食补贴每天 160 元。

四、坏账准备金制度

本企业采用备抵法核销坏账损失。坏账的确认须符合有关法规、制度，并经过办理审批手续。企业对有确凿证据表明确实无法收回的应收账款，如债务单位已撤销、破产、资不抵债、现金流量严重不足等，根据企业管理权限，经董事会或经理办公会批准，可作为坏账损失。坏账准备提取方式采用“应收账款余额百分比法”。提取比例依财务报告的目标和会计核算的基本原则，具体分析各应收款项的特性、金额、信用、债务人信誉等因素，依坏账损失发生的可能性而定。

五、存货的分类与计价

本企业存货主要分为原材料（——原料及主要材料、——外购半成品、——辅助材料、——修理用备件、——低值易耗品）和库存商品。其主要原材料有海绵铁、废钢铁和铸铁块，外购半成品为套管接箍，辅助材料有套管保护环、丝扣油和油漆等。修理用备件为设备易损传动轴，低值易耗品主要有周转箱、刀具和劳保工作服等。存货发出按加权平均成本计价。

六、固定资产折旧计提方法及维修费的核算

（1）固定资产折旧计提方法。企业房屋、建筑物、生产设备、管理用设备采用使用年限法计提折旧。运输车辆采用工作量法计提折旧。企业各类固定资产的使用年限和预计净残值率规定如表 2-1 所示。

表 2-1　固定资产的使用年限和预计净残值

类型	预计使用寿命	预计净残值率
房屋及建筑物	32 年	4%
生产设备	10 年	4%
管理用设备	5 年	4%
运输车辆	1.2 元 / 公里	4%

（2）固定资产维修费的核算。企业固定资产的维护修理，采用外包方式。与海河机械维修公司签订长期设备生产线维护合同，在当前设备规模及设备状况下，年维护费 36 万元。分月交纳设备维护费，每月末缴纳 3 万元。设备维修用材料及备件费由企业负担。

（3）在建工程的核算。企业进行的重大改扩建工程，采用发包方式。按合理估计的发包工程进度和合同规定结算的进度款增加在建工程成本。企业购入设备借记“工程物资”，贷记“在建工程——在安装设备”。将购入设备交付建造承包商安装时，借记“在建工程——在安装设备”，贷记“工程物资”。工程完成时，按合同补付的工程款，增加在建工程的成本。

在建工程发生的借款费用，满足借款费用资本化条件的，借记“在建工程”，贷记“长期借款”“应付利息”等科目。

七、产品成本核算方式

（1）产品成本项目分为直接材料、燃料及动力、直接人工费及制造费用。企业主要原材料海绵铁、废钢铁和铸铁按 1∶1.1 的比例投料，企业会计实务基础实训采用实际成本计价，即加权平均法计价。

（2）主要材料成本按照标准化配料比例和材料损耗率计算。基本生产车间燃料及动力主要包括电炉融化及动力用水，冷却用水计入制造费用，直接人工费和制造费用在不同产品之间的分配按产品实际投产比例进行分配。

（3）辅助生产车间不设燃料及动力成本项目，供热用水计入其主要材料项目。

（4）期末在产品成本计算方法，原材料、燃料及动力、直接人工费和制造费用均按约当产量法计算。

（5）200# 地质井管和 150# 地质井管三种主料的配比为 4∶4∶2，240# 地热管和 180# 地热管三种主料的配比为 3∶4∶3。

（6）其他辅料的耗用定额为：每吨钢管用接箍 3 个，保护环 6 个，丝扣油 0.25 千克，油漆 5 千克。

（7）基本生产车间月度分 3 批次领料。

（8）辅料防腐剂为辅助车间使用，月初一次全部领出。

（9）发出商品成本采用加权平均法计价。

八、资产减值准备的计提

企业采用应收账款余额百分比法于年末计提坏账准备。年度终了，分析各项应收款项的可收回性，预计可能产生的坏账损失，对没有把握收回的应收款项，经董事会批准，确定合理的比例计提坏账准备。

企业定期对存货进行全面检查，如果发生存货毁损、全部或部分陈旧过时或销售价格低于成本等原因，使存货可变现净值低于其账面成本，采用成本与可变现净值孰低法对存货进行计价，差额部分计提存货跌价准备。存货跌价准备按单个存货项目的成本与可变现净值计量。由于存货可变现净值提高，应将存货账面价值加以相应恢复，但不可高于原账面价值。已经计提了跌价准备的存货，在生产经营领用、销售或其他原因转出时，根据不同情况，对已计提存货跌价准备的进行适当的分担处理。

企业对于长期股权投资，由于被投资单位经营状况变化等原因，导致其公允价值低于投资的账面价值，并在短期内难以恢复，将可收回金额低于长期投资账面价值的差额，计提长期股权投资减值准备。

企业于年度终了，对固定资产逐一进行检查，对于由于市价持续下跌，或技术陈旧、损坏、长期闲置等原因导致期末可收回金额低于账面价值的，将可收回金额低于其账面价值的差额作为固定资产减值准备。固定资产减值准备按独立产生现金流量的资产组或单项资产计提。

企业于年度终了，对无形资产进行可收回金额计量，对于由于市场出现新的竞争对手，或无形资产技术陈旧、闲置等原因，导致其公允价值减去处置费用后的净额低于账面价值的，按价值差额计提无形资产减值准备。

九、税金的计算及缴纳

（1）企业为一般纳税人，2016 年 5 月 1 日“营改增”全面实施后，适用增值税率为 17%、13%、11%、6% 四挡税率。

（2）应交城市维护建设税，按当月应交流转税的 7% 计算。

（3）应交教育费附加，按当月应交流转税的 3% 计算。

（4）企业每月末核算应缴纳的企业所得税额。

（5）企业按照 2008 年 1 月 1 日施行的《中华人民共和国企业所得税法》进行所得税业务处理。

（6）企业按月核算个人应缴纳的个人所得税额。

十、年末利润分配制度

按照公司章程，年末损益结算后，根据董事会决议的利润分配方案，按当年 11 月末股东投资比例向股东分配红利。

第三章　企业基础会计实务实训

第一节　案例企业相关客户资料

1. 公司名称：大庆油田钻井有限公司

开户行及账号：工商银行海苑支行 801214335422221

纳税人识别号：720000678678090

地址：黑龙江省大庆市鸡西路 16 号

2. 公司名称：海河配件有限公司

开户行及账号：工商银行前进支行 705123123789

纳税人识别号：720000678678789

地址：海河市光明路 80 号

3. 公司名称：沈阳塑料制品有限公司

开户行及账号：工商银行永南支行 705123123501

纳税人识别号：320000678674056

地址：辽宁省沈阳市种福寺前街 8 号

4. 公司名称：海河油漆有限公司

开户行及账号：工商银行河北支行 405000717843

纳税人识别号：320000123677843

地址：海河市河北区林荫道 81 号

5. 公司名称：湖南热能工程公司

开户行及账号：工商银行玉衡支行 605123123456

纳税人识别号：130123123456789

地址：湖南省长沙市玉衡街 60 号

电话：0731-86661236

6. 公司名称：鞍山钢铁有限公司

开户行及账号：工商银行永安支行 405547814567

纳税人识别号：120000128504412

地址：鞍山市河西区鞍钢路 45 号

7. 公司名称：吉林油田钻井公司

开户行及账号：工商银行油田支行 605123123789

纳税人识别号：120000128504898

地址：吉林省松原市油田街 36 号

8. 公司名称：新疆油田钻井公司

开户行及账号：工商银行胜利支行 805654328504

纳税人识别号：120456123450987

地址：新疆维吾尔族自治区胜利南路 84 号

电话：24586609

9. 公司名称：海河市艺之林酒店

开户行及账号：工商银行艺林支行 306123476507

纳税人识别号：120000113445788

地址：海河市文化区 132 号

10. 公司名称：海河市长城润滑油公司

开户行及账号：工商银行万新支行 409898712345

纳税人识别号：120000123678123

地址：海河市万新马路 108 号

11. 公司名称：海河市海绵铁厂

开户行及账号：工商银行河北支行 705123123788

纳税人识别号：120456123454877

地址：海河市河北区长沙路 6 号

12. 公司名称：天津大港油田钻井公司

开户行及账号：工商银行大港支行 805654320808

纳税人识别号：120456123456893

地址：天津市大港路 43 号

电话：24581234

13. 公司名称：劢业股份有限公司

开户行及账号：工商银行海苑支行 306123476512

纳税人识别号：120000113445767

地址：海河市河东区长城路 11 号

14. 公司名称：海河市自来水公司

开户行及账号：工商银行光明支行 306405987654321

纳税人识别号：120000123679999

地址：海河市河西区光明路 18 号

15. 公司名称：海河市供电公司

开户行及账号：工商银行永安支行 306405546897123

纳税人识别号：120000123665412

地址：海河市河西区永安路 38 号

16. 公司名称：海河市机械维修公司

开户行及账号：工商银行塘口支行 3064055478543210000

纳税人识别号：120000123612345

地址：海河市河东区工业路 53 号

17. 公司名称：海河市海湾公司

开户行及账号：工商银行海湾支行 406805654321414

纳税人识别号：120456123456406

地址：海河市海湾路 56 号

电话：24581368

18. 公司名称：海河市上城园林规划公司

开户行及账号：工商银行上城支行 306123476606

纳税人识别号：123000678647022

地址：海河市上城路 66 号

19. 公司名称：海河市电视有限公司

开户行及账号：工行银行海苑支行 306123476507

纳税人识别号：120000113445788

地址：海河市白堤路 88 号

第二节　期初账户余额资料

表 3-1　企业 20×× 年 11 月初账户余额资料表

科目编码	一级科目名称	二级科目名称	期初数量	余额方向	期初余额
1001	库存现金			借	13 200.00
1002	银行存款			借	7 353 070.52
100201		工商银行海苑支行（基本账户）		借	4 349 663.72
100202		海河银行滨海支行（一般账户）		借	3 003 406.80
1121	应收票据			借	5 931 900.00
		吉林油田		借	5 931 900.00
		新疆油田		借	0.00
1122	应收账款			借	28 543 320.00
		大庆油田		借	18 813 600.00
		湖南热能		借	9 729 720.00
1221	其他应收款			借	30 000.00
		总经理办公室刘红		借	6 000.00
		采购部李明		借	9 000.00
		采购部王方		借	0.00

续表

科目编码	一级科目名称	二级科目名称	期初数量	余额方向	期初余额
		销售部张兰		借	9 000.00
		后勤部赵亮		借	6 000.00
1231	坏账准备			贷	108 000.00
1403	原材料			借	30 488 400.00
140301		海绵铁	4800 吨	借	15 840 000.00
140302		废钢铁	3600 吨	借	9 360 000.00
140303		铸铁块	1200 吨	借	2 940 000.00
140304		接箍 200#	600 个	借	288 000.00
140305		接箍 150#	960 个	借	307 200.00
140306		接箍 240#	1800 个	借	684 000.00
140307		保护环	11100 个	借	666 000.00
140308		丝扣油	1800 千克	借	50 400.00
140309		油漆	6000 千克	借	120 000.00
140310		防腐剂（辅助车间）	120 桶	借	4 800.00
140311		传动轴	600 个	借	228 000.00
1411	周转材料			借	234 480.00
141101		接箍周转箱在库	120 个	借	33 000.00
141102		接箍周转箱在用	120 个	借	33 000.00
141103		保护环周转箱在库	120 个	借	42 000.00
141104		保护环周转箱在用	120 个	借	42 000.00
141105		刀具	48 把	借	12 480.00
141106		工作服	900 套	借	72 000.00
1405	库存商品			借	43 643 460.00
140501		地质井管 200#	1200 吨	借	7 590 000.00
140502		地质井管 150#	600 吨	借	3 399 000.00
140503		地热管 240#	1800 吨	借	10 568 700.00
140504		地热管 180#	3840 吨	借	22 085 760.00
1511	长期股权投资			借	48 000 000.00
151101		锦江宾馆		借	48 000 000.00
1601	固定资产			借	357 600 000.00
16010101		厂房（基本生产车间）		借	45 000 000.00
16010102		厂房（辅助生产车间）		借	3 000 000.00
16010103		厂房（管理部门）		借	12 000 000.00
16010201		设备（基本生产车间）		借	279 000 000.00
16010202		设备（辅助生产车间）		借	9 000 000.00
16010203		设备（管理部门）		借	4 800 000.00
16010204		设备（运输设备）		借	4 800 000.00
1602	累计折旧			贷	36 420 000.00
1603	固定资产减值准备			贷	360 000.00
1604	在建工程	钢板生产线		借	60 000 000.00

续表

科目编码	一级科目名称	二级科目名称	期初数量	余额方向	期初余额
1701	无形资产			借	5 760 000.00
170101		管理软件		借	5 760 000.00
1702	累计摊销			贷	960 000.00
资产小计				借	549 749 830.52
2001	短期借款			贷	69 600 000.00
2201	应付票据			贷	9 498 060.00
220101		海河海绵		贷	9 498 060.00
2202	应付账款			贷	18 101 940.00
220201		沈阳塑料		贷	2 325 540.00
220202		海河配件		贷	3 000 000.00
220203		天津废旧钢铁公司		贷	12 776 400.00
2211	应付职工薪酬			贷	1 826 702.00
221101		职工工资		平	0.00
221102		工会经费		贷	46 952.00
221103		教育经费		贷	42 714.00
221104		养老保险金		贷	797 328.00
221105		医疗保险金		贷	313 236.00
221106		失业保险金		贷	56 952.00
221107		住房公积金		贷	569 520.00
2221	应交税费			贷	3 715 980.00
222101		未交增值税		贷	2 160 000.00
222102		应交所得税		贷	960 000.00
222103		应交城市维护建设税		贷	151 200.00
222104		应交房产税		贷	270 000.00
222105		应交土地使用税		贷	45 000.00
222106		应交个人所得税		贷	64 980.00
222107		教育费附加		贷	64 800.00
2241	其他应付款			贷	30 000.00
224101		海河配件厂		贷	30 000.00
2231	应付利息			贷	348 000.00
223101		长期借款利息		贷	348 000.00
2501	长期借款			贷	108 000 000.00
250102		基建借款		贷	108 000 000.00
负债小计				贷	211 120 682.00
4001	实收资本			贷	300 000 000.00
400101		中国黄河资产管理公司		贷	60 000 000.00
400102		海河钢管集团有限责任公司		贷	240 000 000.00
4002	资本公积			贷	3 600 000.00
400201		其他		贷	3 600 000.00
4101	盈余公积			贷	9 921 624.00

续表

科目编码	一级科目名称	二级科目名称	期初数量	余额方向	期初余额
410101		法定盈余公积		贷	9 300 000.00
410102		任意盈余公积		贷	621 624.00
4103	本年利润			贷	26 071 200.00
4104	利润分配			贷	2 911 540.32
410401		未分配利润		贷	2 911 540.32
权益小计				贷	342 504 364.32
5001	生产成本			借	3 875 215.80
50010101		地质井管 200#（直接材料）		借	1 079 136.00
50010102		地质井管 200#（直接人工）		借	34 155.00
50010103		地质井管 200#（燃动力）		借	123 120.00
50010104		地质井管 200#（制造费用）		借	47 817.00
50010201		地质井管 150#（直接材料）		借	1 333 560.00
50010202		地质井管 150#（直接人工）		借	42 487.50
50010203		地质井管 150#（燃动力）		借	162 000.00
50010204		地质井管 150#（制造费用）		借	59 482.50
50010301		地热管 240#（直接材料）		借	832 845.60
50010302		地热管 240#（直接人工）		借	26 421.75
50010303		地热管 240#（燃动力）		借	97 200.00
50010304		地热管 240#（制造费用）		借	36 990.45
成本小计				借	3 875 215.80
6001	主营业务收入			平	516 000 000.00
		200#			180 000 000.00
		150#			156 000 000.00
		240#			120 000 000.00
		180#			60 000 000.00
6051	其他业务收入			平	900 000.00
6301	营业外收入			平	276 000.00
6401	主营业务成本			平	454 080 000.00
		200#			156 000 000.00
		150#			132 000 000.00
		240#			102 000 000.00
		180#			64 080 000.00
6402	其他业务成本			平	450 000.00
6403	营业税金及附加			平	5 934 000.00
6601	销售费用			平	3 720 000.00
		广告费			3 360 000.00
		运输费		平	360 000.00
6602	管理费用			平	11 700 000.00
660201		办公费		平	780 000.00
660202		差旅费		平	303 600.00

续表

科目编码	一级科目名称	二级科目名称	期初数量	余额方向	期初余额
660203		工资		平	4 200 000.00
660204		折旧		平	1 920 000.00
660205		修理费		平	120 000.00
660206		业务招待费		平	408 000.00
660207		班车费		平	270 000.00
660208		无形资产摊销		平	600 000.00
660209		工会经费		平	567 000.00
660210		教育经费		平	425 250.00
660211		三险一金		平	2 058 000.00
660212		其他		平	48 150.00
6603	财务费用			平	6 060 000.00
660301		手续费		平	210 000.00
660302		利息费用		平	5 850 000.00
6711	营业外支出			平	470 400.00
6801	所得税费用			平	8 690 400.00

第三节　企业20××年11月份日常经济业务的处理

企业日常经济业务是指本月发生的除了成本计算、期末会计事项和会计报表编制外的跨级交易或事项。根据模拟实验企业，采用科目汇总表账务处理程序，结合会计模拟实验的组织方法进行操作。

一、操作流程与具体要求

根据会计模拟实验的组织方法并结合会计岗位设置及职责，本实验应按照如下流程和要求进行：

1. 审计原始凭证

审核员即会计主管接到外来或自制的原始凭证后对其进行合法性、合规性、合理性审核并签署审核意见；并将审核无误的原始凭证按照业务顺序传递给制单会计。

2. 编制记账凭证

制单会计对会计主管审核无误的原始凭证在空白记账凭证上编制会计分录并在记账凭证的“制单”处签名或盖章，并将原始凭证粘贴在已填制完成的记账凭证后面传递给会计主管。

3. 登记日记账

出纳员接到会计主管审核无误的收款凭证和付款凭证后，根据记账凭证逐日、逐笔登记库存现金日记账和银行存款日记账，并在每一日最后一笔收付款业务登记完毕后按日记账进行本日合计并结出余额。

4. 登记明细账

根据审核无误的记账凭证和有关原始凭证，记账会计登记有关明细账（包括根据“领料单”登记

“原材料”明细账），出纳员根据原始凭证中的“产品入库单”和“产品出库单”登记“库存现金”明细账的“收入”栏数量和“发出”栏数量并结出“结存”栏数量。

5. 编制“科目汇总表”

当每一旬会计交易或事项填制完记账凭证后，主管会计应对本旬会计交易或事项所填制的记账凭证进行汇总，并编制“科目汇总表”。

6. 登记总账

记账会计根据“科目汇总表”登记总账，并在总账栏打钩。

二、企业 11 月 1~30 日的原始凭证

11 月 1~30 日发生的原始凭证，见业务 11–1 至业务 11–39 所给出的原始凭证。

11 月发生的经济业务交易或事项（原始凭证）如下：

业务 11-1

借　款　单

资金性质 <u>现金</u>　　　　　　20×× 年　11 月　1　日

借款部门：采购部		
借款理由：预借差旅费		
借款数额：人民币（大写）肆仟伍佰元整　　　　¥4 500.00		
本单位负责人意见：		
领　导　意　见 同意　　　张兰	会计主管人员核批： 同意　　　刘梅	付款纪录：

出　纳：王丽　　　　　　　　借款人：王方

业务 11-2

中国人民银行支付系统专用凭证　　NO0000132580

保文种类：　CMT109　　　　交易种类：　HVPS　　贷记

发起行行号：　20255　　　　支付交易序号：00809048

发起行名称：　工商银行海苑支行

付款人账号：　801214335422221　　　　委托日期：20××.11.01

付款人名称：　大庆油田钻井公司

接收行行号：　20201

收款人账号：　3061234567890000006　　　　收报日期：20××.11.01

收款人名称：　海河钢管制造有限责任公司

货币名称、金额（大写）：玖佰肆拾万陆仟捌百元整

货币符号、金额（小写）：RMB9 406 800.00

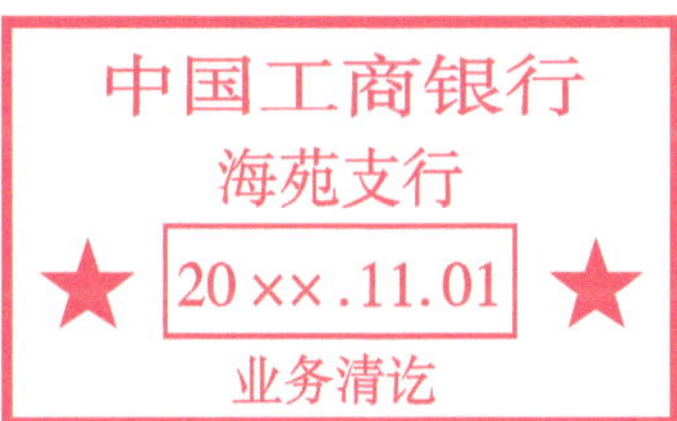

附言：货款

报文状态：转挂账

流水号：58155　　　　打印时间：20××-11-01　09:21:18

第 01 次打印！

第二联作客户通知单　　　会计　张颖　　　复核　刘琨　　　记账

业务 1

1 日，采购部王方到财务部预借差旅费 4500 元，前往鞍山采购材料。

原始凭证：差旅费借款单。

借：其他应收款——王方

　贷：库存现金　　　　付款凭证，附件 1 张

业务 2

1 日，收到银行电汇入账通知单，为大庆油田钻井公司偿还所欠货款 9406800 元。

原始凭证：银行电汇入账通知单。

借：银行存款——工商银行海苑支行

　贷：应收账款——大庆油田钻井公司　　　　收款凭证，附件 1 张

业务 11-3

中国工商银行

现金支票存根

Ⅱ　1061

科　　目__________

对方科目__________

出票日期 20××年 11 月 2 日

收款人：海河钢管制造有限责任公司
金　额：¥18 000.00
用　途：备用金

单位主管　　　　会计

中国工商银行 **现金支票**　（海）　海河　Ⅱ 1061

本支票付款期限十天

出票日期　贰零××年壹拾壹月零贰日　　开户银行名称：海苑支行

收款人：海河钢管制造有限责任公司　　出票人账号：3061234567890000006

人民币（大写）	千	百	十	万	千	百	十	元	角	分
壹万捌仟元整			¥	1	8	0	0	0	0	0

用　途　备用金

上列款项请从

我账户内支付

出票人签章

海河钢管制造有限责任公司 财务专用章

功马印成

复核　　　　记账

业务 11-3（该原始凭证同上，仅供练习使用）

中国工商银行

现金支票存根

Ⅱ　1061

科　　目__________

对方科目__________

出票日期　　年　月　日

收款人：
金　额：
用　途：

单位主管　　　　会计

中国工商银行 **现金支票**　（海）　海河　Ⅱ 1061

本支票付款期限十天

出票日期　　年　　月　　日　　开户银行名称：海苑支行

收款人：　　出票人账号：3061234567890000006

人民币（大写）	千	百	十	万	千	百	十	元	角	分

用　途　备用金

上列款项请从

我账户内支付

出票人签章

海河钢管制造有限责任公司 财务专用章

功马印成

复核　　　　记账

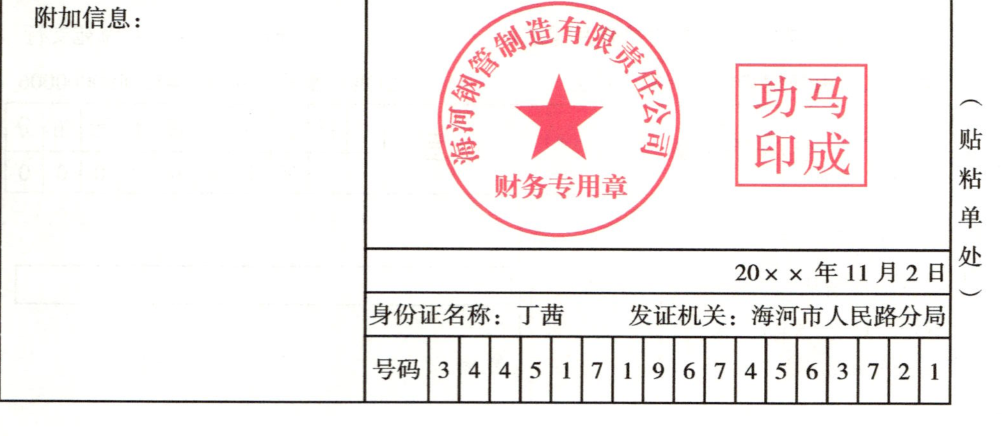

附加信息：

海河钢管制造有限责任公司 财务专用章

马功 成印

20××年11月2日

身份证名称：丁茜　发证机关：海河市人民路分局

号码 3 4 4 5 1 7 1 9 6 7 4 5 6 3 7 2 1

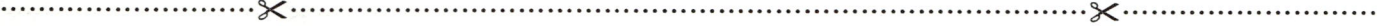

（贴粘单处）

业务3

2日，财务部丁茜在开户行提取现金18 000元备用。

另外，本业务题增加了一张"现金支票"表单，供学生练习之用。

原始凭证：现金支票存根。

提示：①企业库存现金定额为50 000元；

②现金支票票号1061

借：库存现金

贷：银行存款——工商银行海苑支行

付款凭证，附件1张

附加信息：

海河钢管制造有限责任公司 财务专用章

马功 成印

年　月　日

身份证名称：　发证机关：

号码

（贴粘单处）

业务 11-4-1

海河市增值税普通发票

发票联

No.0828318

开票日期：20×× 年 11 月 2 日

<table>
<tr><td rowspan="4">购货单位</td><td colspan="6">名　　称：海河钢管制造有限责任公司</td><td rowspan="4">密码区</td><td colspan="3" rowspan="4">（略）</td></tr>
<tr><td colspan="6">纳税人识别号：120000123456789</td></tr>
<tr><td colspan="6">地 址 、电 话：海河市五大道 107 号　022-20060066</td></tr>
<tr><td colspan="6">开户行及账号：工商银行海苑支行 3061234567890000006</td></tr>
<tr><td colspan="2">货物及应税劳务名称</td><td>规格型号</td><td>单 位</td><td>数 量</td><td>单 价</td><td colspan="2">金 额</td><td>税率</td><td>税 额</td></tr>
<tr><td colspan="2">餐饮费</td><td></td><td></td><td></td><td></td><td colspan="2">600.00</td><td>6%</td><td>36.00</td></tr>
<tr><td colspan="2">合　　计</td><td></td><td></td><td></td><td></td><td colspan="2"></td><td></td><td></td></tr>
<tr><td colspan="2">价税合计（大写）</td><td colspan="8">陆佰叁拾陆元整　　（小写）¥636.00</td></tr>
<tr><td rowspan="4">销货单位</td><td colspan="6">名　　称：海河市艺之林酒店</td><td rowspan="4">备注</td><td colspan="3" rowspan="4">海河市艺之林酒店 120000113445788 发票专用章</td></tr>
<tr><td colspan="6">纳税人识别号：120000113445788</td></tr>
<tr><td colspan="6">地 址 、电 话：海河市文化区 132 号</td></tr>
<tr><td colspan="6">开户行及账号：工商银行艺林支行　306123476507</td></tr>
</table>

第二联　发票联　购货方记账凭证

收款人：马然　　复核：田方　　开票人：王婷　　销货单位：

业务 11-4-2

存根联

海河市客运出租行业专用发票

发票联

机打发票，手写无效

代码　212001412051
号码　84094638
开票日期：　20××-11-2
单位：　J260
税号：　0000168-6959
电话：　23457689
车号：　E12345
起止时间：　14：00-14：40
单价：　1.7 元
里程：　43km
等候时间：　00：15：00
附加费：　0.00 元
金额：　60.00 元
卡号：
卡原额：
卡途额：

（特别说明：出租车发票联共有 20 张，为减少篇幅，此处只列示 1 张，其余从略，金额共计 1200 元）

业务 4

2 日，销售部张兰报销餐饮费用 636 元和出租车费用 1200 元，收到艺之林酒店增值税普通发票。财务部以现金补足其备用金定额。

原始凭证：①餐费发票；②出租车发票；③现金付款单。

提示：企业采用定额备用金制度。“营改增”后，餐饮费按 6% 征收增值税。

借：销售费用

贷：库存现金　　付款凭证；附件 3 张

业务 11-4-3

付款凭单

20××年11月2日　　编号 012

交付	销售部张兰							
付款事由	报销餐饮费和包车费用等开支							
金额	万	千	百	十	元	角	分	人民币：壹仟捌佰叁拾陆元整
	¥	1	8	3	6	0	0	

批准人：　　出纳：王丽　　申请人：张兰　　经手人签字盖章：

（印章：海河钢管制造有限责任公司 财务专用章）

业务 11-5-1

海河市增值税专用发票

No.0828319

发票联

开票日期：20××年11月2日

（印章：全国统一发票监制章 国家税务局监制）

购货单位	名称：海河钢管制造有限责任公司 纳税人识别号：120000123456789 地址、电话：海河市五大道107号 022-20060066 开户行及账号：工商银行海苑支行 3061234567890000006					密码区	（略）
货物及应税劳务名称	规格型号	单位	数量	单价	金额	税率	税额
接箍	150#	个	10 200	320.00	3 264 000.00	17%	554 880.00
接箍	200#	个	10 200	480.00	4 896 000.00	17%	832 320.00
接箍	240#	个	6 000	380.00	2 280 000.00	17%	387 600.00
合计					10 440 000.00		1 774 800.00
价税合计（大写）	壹仟贰佰贰拾壹万肆仟捌佰元整				（小写）¥12 214 800.00		
销货单位	名称：海河配件有限公司 纳税人识别号：720000678678789 地址、电话：海河市光明路80号 开户行及账号：工商银行前进支行 705123123789					备注	

（印章：货款未付）

（印章：海河配件有限公司 720000678678789 发票专用章）

第二联 发票联 购货方记账凭证

收款人：冯明　　复核：刘瑞　　开票人：王昆　　销货单位：

业务5

2日，根据企业生产计划，分别从海河配件厂和沈阳塑料制品厂购入生产所需接箍和保护环如下表，款未付。

单位：元

外购	数量（个）	单价	价款金额	税款金额（17%）	价税合计
接箍 200#	10 200	480	4 896 000	832 320	5 728 320
接箍 150#	10 200	320	3 264 000	554 880	3 818 880
接箍 240#	6 000	380	2 280 000	387 600	2 667 600
小计			10 440 000	1 774 800	12 214 800
保护环	54 000	60	3 240 000	550 800	3 790 800
合计			13 680 000	2 325 600	16 005 600

原始凭证：①海河配件厂增值税专用发票；②沈阳塑料制品厂增值税专用发票；③材料入库单。

借：原材料——接箍 200#

——接箍 150#

——接箍 240#

——保护环

应交税费——应交增值税（进项税额）

贷：应付账款——海河配件厂

——沈阳塑料制品厂

转账凭证，附件4张

业务 11-5-2

沈阳市增值税专用发票

No.0828319

发票联

全国统一发票监制章 国家税务局监制

开票日期：20×× 年 11 月 2 日

购货单位	名　　称：海河钢管制造有限责任公司 纳税人识别号：120000123456789 地 址 、电 话：海河市五大道 107 号　022-20060066 开户行及账号：工商银行海苑支行 3061234567890000006					密码区	（略）	
货物及应税劳务名称	规格型号	单 位	数 量	单 价	金 额	税率	税 额	
保护环		个	54 000	60.00	3 240 000.00	17%	550 800.00	
合　　计	货款未付				3 240 000.00		550 800.00	
价税合计（大写）	叁佰柒拾玖万零捌佰元整				（小写）¥3 790 800.00			
销货单位	名　　称：沈阳塑料制品有限公司 纳税人识别号：320000678674056 地 址 、电 话：辽宁省沈阳市种福寺前街 8 号 开户行及账号：工商银行永南支行　705123123501					备注	沈阳塑料制品有限公司 320000678674056 发票专用章	

第二联 发票联 购货方记账凭证

收款人：冯明　　复核：刘瑞　　开票人：王昆　　销货单位：

业务 11-5-3

入　库　单

仓　　库：材料库　　　　第 01 号

供货单位：海河配件有限公司　　　　20×× 年　11　月　2　日

名　称	规　格	单　位	数　量	单价（元）	金额（元）	备注
接箍	200#	个	10 200	480	4 896 000	
接箍	150#	个	10 200	320	3 264 000	
接箍	240#	个	6 000	380	2 280 000	
合计					10 440 000	

二、交会计

负责人：吴玲　　　　经手人：王方

业务 11-5-4

入 库 单

仓　　库：材料库　　　　　　　　　　　　　　　　　　　　　　第 02 号

供货单位：沈阳塑料制品有限公司　　　　　　　　　　　　20×× 年 11 月 2 日

名 称	规 格	单 位	数 量	单价（元）	金额（元）	备注
保护环		个	54 000	60	3 240 000	
合计					3 240 000	

二、交会计

负责人：吴玲　　　　　　　　　　　　　　经手人：王方

业务 11-6-1

海河市增值税专用发票

No.0828320

发票联

开票日期：20×× 年 11 月 2 日

购货单位	名　　称：海河钢管制造有限责任公司 纳税人识别号：120000123456789 地址、电话：海河市五大道 107 号　022-20060066 开户行及账号：工商银行海苑支行 3061234567890000006				密码区	（略）	
货物及应税劳务名称	规格型号	单 位	数 量	单 价	金 额	税率	税 额
油漆		公斤	39 000	20.00	780 000.00	17%	132 600.00
合　计							
价税合计（大写）	玖拾壹万贰仟陆佰元整				（小写）¥912 600.00		
销货单位	名　　称：海河油漆有限公司 纳税人识别号：320000123677843 地址、电话：海河市河北区林荫道 81 号 开户行及账号：工商银行河北支行　405000717843				备注		

第二联 发票联 购货方记账凭证

收款人：冯明　　　　复核：刘瑞　　　　开票人：王昆　　　　销货单位：

业务 6

2 日，根据企业生产计划，从海河油漆有限公司购 39 000 千克油漆，单价 20 元，价税合计 912 600 元，开出转账支票付款。

原始凭证：①转账支票存根，票号：2061；②增值税专用发票；③材料入库单。

借：原材料——油漆

　　应交税费——应交增值税（进项税额）

　贷：银行存款——工商银行海苑支行　　　　　　　　　　　付款凭证，附件 3 张

业务 11-6-2

中国工商银行

转账支票存根

Ⅱ 2061

科　　目________

对方科目________

出票日期 20×× 年 11 月 2 日

收款人：海河油漆有限公司
金　额：¥912 600.00
用　途：支付油漆货款

单位主管　　　　会计

中国工商银行 **转账支票** （海）　海河　Ⅱ 2061

出票日期　贰零 ×× 年壹拾壹月零贰日　　开户银行名称：海苑支行

本支票付款期限十天

收款人：海河油漆有限公司　　出票人账号：3061234567890000006

人民币（大写）	玖拾壹万贰仟陆佰元整	千	百	十	万	千	百	十	元	角	分
			¥	9	1	2	6	0	0	0	0

用　途　支付油漆货款

上列款项请从

我账户内支付

出票人签章　　（印章：海河制造有限责任公司 财务专用章；功马印成）

复核　　　　记账

业务 11-6-3

入　库　单

仓　　库：材料库　　　　第 03 号

供货单位：海河油漆有限公司　　　　20×× 年 11 月 2 日

名　称	规　格	单　位	数　量	单价（元）	金额（元）	备注
油漆		千克	39 000	20	780 000	

二、交会计

负责人：吴玲　　　　经手人：王方

附加信息：

被背书人

背书人签章

20××年11月2日

（贴粘单处）

业务 11-7-1

领　料　单

仓　　库：材料库　　　　　　　　　　　　　　　　　　　　　　　　第 01 号

供货单位：基本生产车间　　　　　　　　　　　　　　　　　　20×× 年 11 月 3 日

名　称	规　格	单　位	数　量	单价（元）	金额（元）	备注
海绵铁		吨	1 171.2	3 300	3 864 960	
废钢铁		吨	1 236	2 600	3 213 600	
铸铁块		吨	678	2 450	1 661 100	
合计			3 085.2		8 739 660	

二、交会计

负责人：刘佳　　　　　　　　　　　　　　　　　　　　经手人：吴玲

业务 11-7-2

领　料　单

仓　　库：材料库　　　　　　　　　　　　　　　　　　　　　　　　第 02 号

供货单位：基本生产车间　　　　　　　　　　　　　　　　　　20×× 年 11 月 3 日

名　称	规　格	单　位	数　量	单价（元）	金额（元）	备注
接箍	200#	个	3 360	480	1 612 800	
接箍	150#	个	3 360	320	1 075 200	
接箍	240#	个	1 680	380	638 400	
合计			8 400		3 326 400	

二、交会计

负责人：刘佳　　　　　　　　　　　　　　　　　　　　经手人：吴玲

业务 11-7-3

领　料　单

仓　　库：材料库　　　　　　　　　　　　　　　　　　　　　　　　第 03 号

供货单位：基本生产车间　　　　　　　　　　　　　　　　　　20×× 年 11 月 3 日

名　称	规　格	单　位	数　量	单价（元）	金额（元）	备注
保护环		个	16 800	60	1 008 000	
丝扣油		千克	702	28	19 656	
油漆		千克	14 100	20	282 000	
合计			31 602		1 309 656	

二、交会计

负责人：刘佳　　　　　　　　　　　　　　　　　　　　经手人：吴玲

业务 7

3 日，生产车间领出原材料。

原始凭证：领料单 4 张。

提示：①主要材料海绵铁、废钢铁和铸铁按 1∶1.1 的比例投料；② 200# 地质井管和 150# 地质井管三种主料的配比为 4∶4∶2；③ 240# 地热管和 180# 地热管三种主料的配比为 3∶4∶3；④其他辅料的耗用定额为：每吨钢管用接箍 3 个，保护环 6 个，丝扣油 0.25 千克，油漆 5 千克；⑤领出原材料只需记录仓库数量金额明细账；⑥本月投产量为：200# 地质井管 3360 吨、150# 地质井管 3360 吨和 240# 地热管 1680 吨。

无记账凭证，附件 4 张

业务 11-7-4

领 料 单

仓 库：材料库　　　　　　　　　　　　　　　　　　　　　第 04 号

供货单位：辅助生产车间　　　　　　　　　　　　　　20×× 年 11 月 3 日

名 称	规 格	单 位	数 量	单价（元）	金额（元）	备注
防腐剂		桶	15	40	600	
合计			15		600	

二、交会计

负责人：刘佳　　　　　　　　　　　　　　　　经手人：吴玲

业务 11-8-1

中国工商银行

转账支票存根

Ⅱ 2062

科 目__________

对方科目__________

出票日期 20×× 年 11 月 4 日

收款人：海河市文具有限公司
金 额：¥3 480.00
用 途：购买办公用品

单位主管　　　　会计

海河钢管制造 财务专

业务 8

4 日，开出转账支票，行政部门购 A4 打印纸和硒鼓合计 3480 元。

原始凭证：①增值税专用发票；②转账支票存根，票号 2062。

借：管理费用——办公费

　　应交税费——应交增值税（进项税额）

　贷：银行存款——工商银行海苑支行　　付款凭证；附件 2 张

业务 11-8-2

海河市增值税专用发票

No.0828704

发票联

开票日期：20×× 年 11 月 4 日

购货单位	名　　称：海河钢管制造有限责任公司 纳税人识别号：120000123456789 地 址 、电 话：海河市五大道 107 号　022-20060066 开户行及账号：工商银行海苑支行 3061234567890000006				密码区	（略）		
货物及应税劳务名称	规格型号	单 位	数 量	单 价	金 额	税率	税 额	
办公用品	A4 打印纸	箱	4	118.59	474.36	17%	80.64	
	硒鼓	个	5	500.00	2 500.00	17%	425.00	
合　　计					2 974.36		505.64	
价税合计（大写）	叁仟肆佰捌拾元整					（小写）¥3 480.00		
销货单位	名　　称：海河市文具有限公司 纳税人识别号：120000113574481 地 址 、电 话：海河市河东区津南路 121 号 开户行及账号：工商银行津南支行　306123476589				备注			

第二联 发票联 购货方记账凭证

收款人：朱全　　复核：杭方　　开票人：金伟　　销货单位：

业务 11-9-1

中国工商银行

转账支票存根

Ⅱ 2063

科　　目____________

对方科目____________

出票日期 20×× 年 11 月 5 日

收款人：工商银行海苑支行
金　额：¥814.00
用　途：支付工资账户手续费

单位主管　　会计

业务 11-9-4

中国工商银行

转账支票存根

Ⅱ 2064

科　　目____________

对方科目____________

出票日期 20×× 年 11 月 5 日

收款人：工商银行海苑支行
金　额：¥1 812 120.00
用　途：支付工资费用

单位主管　　会计

业务 11–9–2

工商银行海苑支行手续费凭证（回单）

20×× 年 11 月 5 日　　　　第　号

<table>
<tr><td rowspan="3">付款人</td><td>全　称</td><td>海河钢管制造有限责任公司</td><td rowspan="3">收款人</td><td>收款行</td><td colspan="7">工商银行海苑支行</td></tr>
<tr><td>账号或地址</td><td>3061234567890000006</td><td>收款科目</td><td colspan="7"></td></tr>
<tr><td>开户银行</td><td>工商银行海苑支行</td><td>收款账户</td><td colspan="7">30612345678000000</td></tr>
<tr><td colspan="2">单位签章</td><td colspan="3">收费种类和标准</td><td colspan="7">金　额</td></tr>
<tr><td colspan="2" rowspan="3">预留印鉴

经手人章</td><td colspan="3" rowspan="3">中国工商银行海苑支行 20××.11.05 转讫
转账手续费</td><td rowspan="2">小写</td><td>千</td><td>百</td><td>十</td><td>元</td><td>角</td><td>分</td></tr>
<tr><td>¥</td><td>8</td><td>1</td><td>4</td><td>0</td><td>0</td></tr>
<tr><td>大写</td><td></td><td>捌</td><td>壹</td><td>肆</td><td>零</td><td>零</td></tr>
<tr><td colspan="2"></td><td colspan="3"></td><td colspan="7">复核　　　　记账</td></tr>
</table>

此联银行收款后退回单位的支款通知

业务 11–9–3

海河钢管制造有限责任公司
工资结算汇总表

20×× 年 11 月 5 日　　　　单位：元

车间、部门		应发工资								代扣款项						实发金额
		岗位工资	综合奖金	各种津贴			缺勤扣款		合计	养老保险	医疗保险	失业保险	住房公积金	个人所得税	小计	
				岗位津贴	回民津贴	夜班津贴	病假	事假								
基本生产车间	生产工人	1 620 780	247 884	23 100	600	16 736	1 100	1 200	1 906 800	152 544	38 136	19 068	190 680	43 667	444 095	1 462 705
	管理工人	56 525	9 310		150	800	135	150	66 500	5 320	1 330	665	6 650	1 523	15 488	51 012
辅助生产车间	生产工人	26 180	4 004	500		400	140	144	30 800	2 464	616	308	3 080	706	7 174	23 626
	管理工人	8 925	1 575						10 500	840	210	105	1 050	241	2 446	8 054
企业管理部门		290 063	47 775		280	3 900	410	358	341 250	27 772	6 968	3 484	34 840	7 713	80 777	260 473
医务及福利部门		7 438	1 225			87			8 750	900	200	100	1 000	300	2 500	6 250
合计		2 009 911	311 773	23 600	1 030	21 923	1 785	1 852	2 364 600	189 840	47 460	23 730	237 300	54 150	552 480	1 812 120

复核人：王梅　　　　制表人：孙亮

业务 9

5 日，根据工资结算单通过银行转发职工当月工资 1 812 120 元。银行收取个人工资账户手续费每人 1 元，共计 814 元。开出转账支票支付手续费。

原始凭证：①转账支票存根，票号：2063 和 2064；②手续费收取凭证；③工资结算单。

提示：结转手续费计入管理费用。手续费和结转工资额分别填制转账支票。

借：应付职工薪酬——工资

管理费用——其他

贷：银行存款——工商银行海苑支行　　付款凭证，附件 4 张

①工商银行海苑支行收款账户：30612345678000000

业务 11-10-1

出 库 单

发货仓库：成品库　　　　第 01 号

提货单位：湖南热能工程公司　　　　20×× 年 11 月 6 日

名 称	规 格	单 位	数 量	单价（元）	总价（元）	备注
地热管	240#	吨	1 200	6 900	8 280 000	
	180#		600	6 800	4 080 000	
合计					12 360 000	

二、交会计

负责人：王雷　　　　经手人：李可

业务 11-10-2

海河市增值税专用发票

No.0983286

记账联

开票日期：20×× 年 11 月 6 日

购货单位	名 称：湖南热能工程公司 纳税人识别号：130123123456789 地 址 、电 话：湖南省长沙市玉衡街 60 号 0731-86661236 开户行及账号：工商银行玉衡支行 605123123456				密码区	（略）	
货物或应税劳务名称	规格型号	单 位	数 量	单 价	金 额	税率	税 额
地热管	240#	吨	1 200	6 900.00	8 280 000.00	17%	1 407 600.00
地热管	180#	吨	600	6 800.00	4 080 000.00	17%	693 600.00
合 计	货款未付				12 360 000.00		2 101 200.00
价税合计（大写）	壹仟肆佰肆拾陆万壹仟贰佰元整				（小写）¥14 461 200		
销货单位	名 称：海河钢管制造有限责任公司 纳税人识别号：120000123456789 地 址 、电 话：海河市五大道 107 号 022-20060066 开户行及账号：工商银行海苑支行 3061234567890000006				备注	海河钢管制造有限责任公司 120000123456789 发票专用章	

第四联 记账联 销货方记账凭证

收款人：　　复核：　　开票人：　　销货单位：

业务 10

6 日，湖南热能工程公司购 240# 地热管 1 200 吨，单价 6 900 元，180# 地热管 600 吨，单价 6 800 元，开出增值税专用发票。货款尚未收到。

原始凭证：①增值税专用发票；②成品出库单。

借：应收账款——湖南热能工程公司

贷：主营业务收入——地热管 240#

——地热管 180#

应交税费——应交增值税（销项税额） 转账凭证，附件 2 张

业务 11-11-1

中华人民共和国
税收通用缴款书

国

录属关系：　　　　　　　　　　　　　　　　　　　　　　　海国缴电 0890682 号

经济类型：有限责任　　　　填发日期：20××年 11 月 7 日　　　　征税机关：海苑区国税分局

缴款单位（人）	代　码	123456789	预算科目	编　码	略
	全　称	海河钢管制造有限责任公司		名　称	略
	开户银行	海河银行滨海支行		级　次	略
	账　户	30812345678900000008	收款国库		略
税款所属时期：20××-10-01--20××-10-31			税款限缴时期：20××-11-10		
税种 / 税目		计税金额	税　率		税　额
增值税			17%		2 160 000.00
金额合计（大写）		贰佰壹拾陆万元整			¥2 160 000.00
缴款单位（人）（盖章） 经办人（章）	税务机关（盖章） 填票人（章）	上列款项已收妥，并划转收款单位账户 国库（银行）盖章　20××年 11 月 7 日		备注	海河银行滨海支行 20××.11.07 转讫

无银行收讫章无效　　　　　　　　　　　　　　　　　　逾期不缴按税法规定加收滞纳金

第一联 收据 银行盖章后退缴款单位 作完税凭证

业务 11-11-2

中华人民共和国
税收通用缴款书

地

录属关系：　　　　　　　　　　　　　　　　　　　　　　　海地缴电 0890794 号

经济类型：有限责任　　　　填发日期：20××年 11 月 7 日　　　　征税机关：海苑区地税分局

缴款单位（人）	代　码	123456789	预算科目	编　码	略
	全　称	海河钢管制造有限责任公司		名　称	略
	开户银行	海河银行滨海支行		级　次	略
	账　户	30812345678900000008	收款国库		略
税款所属时期：20××-10-01--20××-10-31			税款限缴时期：20××-11-10		
税种 / 税目		计税金额	税　率		税　额
个人所得税					64 980.00
金额合计（大写）		陆万肆仟玖佰捌拾元整			¥64 980.00
缴款单位（人）（盖章） 经办人（章）	税务机关（盖章） 填票人（章）	上列款项已收妥，并划转收款单位账户 国库（银行）盖章　20××年 11 月 7 日		备注	海河银行滨海支行 20××.11.07 转讫

无银行收讫章无效　　　　　　　　　　　　　　　　　　逾期不缴按税法规定加收滞纳金

第一联 收据 银行盖章后退缴款单位 作完税凭证

业务 11

7 日，缴纳上月应交增值税 2 160 000 元，城建税 151 200 元，教育费附加 64 800 元，个人所得税 64 980 元。缴纳下半年应交房产税 270 000 元，土地使用税 45 000 元。

原始凭证：纳税回单 4 张。

提示：向税务机关填交税收缴款书，款项通过海河银行滨海支行划转。

借：应交税费——未交增值税
　　　　　　——城建税
　　　　　　——房产税
　　　　　　——土地使用税
　　　　　　——个人所得税
　　　　　　——教育费附加
　贷：银行存款——海河银行滨海支行　　　　　　　　付款凭证，附件 4 张

业务 11-11-3

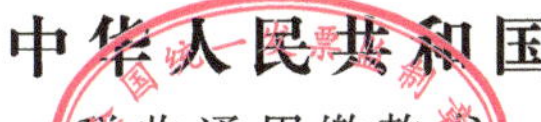

中华人民共和国
税收通用缴款书

地

录属关系：　　　　　　　　　　　　　　　　　　　　　　海地缴电 0890795 号

经济类型：有限责任　　　填发日期：20××年11月7日　　　征税机关：海苑区地税分局

缴款单位人	代　码	123456789	预算科目	编　码	略
	全　称	海河钢管制造有限责任公司		名　称	略
	开户银行	海河银行滨海支行		级　次	略
	账　户	3081234567890000008	收款国库		略
税款所属时期：20××-10-01--20××-10-31			税款限缴时期：20××-11-10		
税种 / 税目		计税金额	税　率		税　额
城市建设维护税					151 200.00
教育费附加					64 800.00
金额合计（大写）		贰拾壹万陆仟元整			¥216 000.00
缴款单位（人）（盖章）经办人（章）	税务机关（盖章）填票人（章）	上列款项已收妥，并划转收款单位账户 国库（银行）盖章 20××年11月7日		备注	

第一联 收据 银行盖章后退缴款单位 作完税凭证

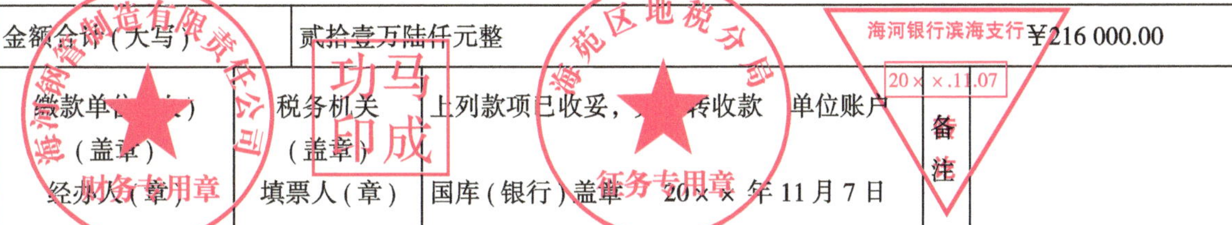

无银行收讫章无效　　　　　　　　　　　　　逾期不缴按税法规定加收滞纳金

业务 11-11-4

中华人民共和国
税收通用缴款书

国家税务局监制

地

录属关系：　　　　　　　　　　　　　　　　　　　　　　海地缴电 0890796 号

经济类型：有限责任　　　填发日期：20××年11月7日　　　征税机关：海苑区地税分局

缴款单位人	代　码	123456789	预算科目	编　码	略
	全　称	海河钢管制造有限责任公司		名　称	略
	开户银行	海河银行滨海支行		级　次	略
	账　户	3081234567890000008	收款国库		略
税款所属时期：20××-10-01--20××-10-31			税款限缴时期：20××-11-10		
税种 / 税目		计税金额	税　率		税　额
房产税					270 000.00
土地使用税					45 000.00
金额合计（大写）		叁拾壹万伍仟元元整			¥315 000.00
缴款单位（人）（盖章）经办人（章）	税务机关（盖章）填票人（章）	上列款项已收妥，并划转收款单位账户 国库（银行）盖章 20××年11月7日		备注	

第一联 收据 银行盖章后退缴款单位 作完税凭证

海河钢管制造有限责任公司 财务专用章　功马印成　海苑区地税分局 征务专用章　海河银行滨海支行 20××.11.07

无银行收讫章无效　　　　　　　　　　　　　逾期不缴按税法规定加收滞纳金

业务 11-12-1

同城特约委托收款凭证（付款通知）　5　委托号码：1200402100815

委托日期　20×× 年 11 月 8 日　　　　第 1000638018 号

<table>
<tr><td rowspan="3">付款人</td><td>全　　称</td><td>海河钢管制造有限责任公司</td><td rowspan="3">收款人</td><td>全　　称</td><td colspan="8">海河市社会保险基金管理中心海河分中心</td></tr>
<tr><td>账号或地址</td><td>3061234567890000006</td><td>账　　号</td><td colspan="8">3065678900000000000</td></tr>
<tr><td>开户银行</td><td>工商银行海苑支行</td><td>开户银行</td><td colspan="8">工商银行红旗支行</td></tr>
<tr><td rowspan="2">委收金额</td><td colspan="4" rowspan="2">人民币（大写）：玖拾贰万伍仟肆佰柒拾元整</td><td>千</td><td>百</td><td>十</td><td>万</td><td>千</td><td>百</td><td>十</td><td>元</td></tr>
<tr><td></td><td>¥</td><td>9</td><td>2</td><td>5</td><td>4</td><td>7</td><td>0</td></tr>
<tr><td>款项内容</td><td>结算日期：20×× 年 11 月 8 日</td><td>合同号码</td><td colspan="2">单位代码：987654321</td><td colspan="3">附寄单证张数</td><td colspan="5"></td></tr>
<tr><td colspan="3">备　　注：
养老保险：664 440 元
医疗保险：261 030 元
中国工商银行 海苑支行 20××.11.08 业务清讫</td><td colspan="10">付款人注意：
1、公用事业收款人与你方签订合同后方能办理。
2、如无合同，可备函说明情况，予一个月内向收款单位办理同城特约委托收款，将原款返回。</td></tr>
</table>

此联银行收款后退回单位的支款通知

单位主管：张宜新　　会计：王辉　　复核：张宜新　　记账：张丽

业务 11-12-2

同城特约委托收款凭证（付款通知）　5　委托号码：1201402100058

委托日期　20×× 年 11 月 8 日　　　　第 1006788020 号

<table>
<tr><td rowspan="3">付款人</td><td>全　　称</td><td>海河钢管制造有限责任公司</td><td rowspan="3">收款人</td><td>全　　称</td><td colspan="8">海河市河西区失业保险基金管理中心</td></tr>
<tr><td>账号或地址</td><td>3061234567890000006</td><td>账　　号</td><td colspan="8">3065678800000000001</td></tr>
<tr><td>开户银行</td><td>工商银行海苑支行</td><td>开户银行</td><td colspan="8">工商银行红旗支行</td></tr>
<tr><td rowspan="2">委收金额</td><td colspan="4" rowspan="2">人民币（大写）：肆万柒仟肆佰陆拾元整</td><td>千</td><td>百</td><td>十</td><td>万</td><td>千</td><td>百</td><td>十</td><td>元</td></tr>
<tr><td></td><td></td><td>¥</td><td>4</td><td>7</td><td>4</td><td>6</td><td>0</td></tr>
<tr><td>款项内容</td><td>结算日期：20×× 年 11 月 8 日</td><td>合同号码</td><td colspan="2">单位代码：987654321</td><td colspan="3">附寄单证张数</td><td colspan="5"></td></tr>
<tr><td colspan="3">备　　注：
失业保险：47 460 元
中国工商银行 海苑支行 20××.11.08 业务清讫</td><td colspan="10">付款人注意：
1、公用事业收款人与你方签订合同后方能办理。
2、如无合同，可备函说明情况，予一个月内向收款单位办理同城特约委托收款，将原款返回。</td></tr>
</table>

此联银行收款后退回单位的支款通知

单位主管：张宜新　　会计：王辉　　复核：张宜新　　记账：张丽

业务 12

8 日，缴纳职工养老保险 664 440 元、医疗保险 261 030 元、失业保险 47 460 元、住房公积金 474 600 元，共计 1 447 530 元。

原始凭证：交费回单 3 张。

提示：保险费通过工商银行海苑支行划转，结算方式为同城特约委托收款。

借：应付职工薪酬——养老保险

——医疗保险

——失业保险

——住房公积金

贷：银行存款——工商银行海苑支行　　付款凭证，附件 3 张

业务 11-12-3

同城特约委托收款 凭证（付款通知） **5** 委托号码：1200502100088

委托日期 20×× 年 11 月 8 日 第 1000738015 号

<table>
<tr><td rowspan="3">付款人</td><td>全 称</td><td>海河钢管制造有限责任公司</td><td rowspan="3">收款人</td><td>全 称</td><td colspan="8">海河市海河住房公积金管理中心</td></tr>
<tr><td>账号或地址</td><td>30612345678900000006</td><td>账 号</td><td colspan="8">258000125130000</td></tr>
<tr><td>开户银行</td><td>工商银行海苑支行</td><td>开户银行</td><td colspan="8">建设银行海苑支行</td></tr>
<tr><td rowspan="2">委收金额</td><td colspan="4" rowspan="2">人民币（大写）：肆拾柒万肆仟陆佰元整</td><td>千</td><td>百</td><td>十</td><td>万</td><td>千</td><td>百</td><td>十</td><td>元</td></tr>
<tr><td></td><td>¥</td><td>4</td><td>7</td><td>4</td><td>6</td><td>0</td><td>0</td></tr>
<tr><td>款项内容</td><td>结算日期：20×× 年 11 月 8 日</td><td>合同号码</td><td>单位代码：123456789</td><td>附寄单证张数</td><td colspan="8"></td></tr>
<tr><td colspan="3">备 注：
住房公积金：474 600 元
中国工商银行 海苑支行 20××.11.08 业务清讫</td><td colspan="10">付款人注意：
1、公用事业收款人与你方签订合同后方能办理。
2、如无合同，可备函说明情况，予一个月内向收款单位办理同城特约委托收款，将原款返回。</td></tr>
</table>

此联银行收款后退回单位的支款通知

单位主管：张宜新 会计：王辉 复核：张宜新 记账：张丽

业务 11-13

中华人民共和国

税收通用缴款书 **地**

录属关系： 海地缴电 0890668 号

经济类型：有限责任 填发日期： 20×× 年 11 月 8 日 征税机关：海苑区地税分局

<table>
<tr><td rowspan="4">缴款单位人</td><td>代 码</td><td>123456789</td><td rowspan="3">预算科目</td><td>编 码</td><td>略</td></tr>
<tr><td>全 称</td><td>海河钢管制造有限责任公司</td><td>名 称</td><td>略</td></tr>
<tr><td>开户银行</td><td>海河银行滨海支行</td><td>级 次</td><td>略</td></tr>
<tr><td>账 户</td><td>30812345678900000008</td><td colspan="2">收款国库</td><td>略</td></tr>
<tr><td colspan="3">税款所属时期：20××-10-01--20××-10-31</td><td colspan="3">税款限缴时期：20××-11-10</td></tr>
<tr><td colspan="2">税种 / 税目</td><td>计税金额</td><td colspan="2">税 率</td><td>税 额</td></tr>
<tr><td colspan="2">工会经费</td><td></td><td colspan="2"></td><td>46 952.00</td></tr>
<tr><td colspan="2">金额合计（大写）</td><td colspan="3">肆万陆仟玖佰伍拾贰元整</td><td>¥46 952.00</td></tr>
<tr><td colspan="2">缴款单位（人）
（盖章）
经办人（章）</td><td>税务机关
（盖章）
填票人（章）</td><td colspan="2">上列款项已收妥，并划转收款单位账户
国库（银行）盖章 20×× 年 11 月 8 日</td><td>备注</td></tr>
</table>

第一联 收据 银行盖章后退缴款单位

作完税凭证

无银行收讫章无效 逾期不缴按税法规定加收滞纳金

业务 13

8 日，划拨工会经费 46952 元。

原始凭证：纳税回单 1 张。

提示：向税务机关申报“工会经费”。款项通过企业海河银行滨海支行账户划转到税务机关，之后由税务机关返回到企业工会账户（目的是保证企业员工真正享受到合法的工会利益）。各省市规定不统一。

借：应付职工薪酬——工会经费

　贷：银行存款——海河银行滨海支行　　　　付款凭证；附件 1 张

业务 11-14-1

入 库 单

发货仓库：材料库　　　　　　　　　　　　　　　　　　　　　第 04 号

提货单位：鞍山钢铁有限公司　　　　　　　　　　　　　　　20×× 年 11 月 9 日

名 称	规 格	单 位	数 量	单价（元）	总价（元）	备注
铸铁块		吨	2 100	2 450	5 145 000	
合计			2 100		5 145 000	

二、交会计

负责人：王雷　　　　　　　　　　　　　　　　　　经手人：李可

业务 11-14-2

中国工商银行电汇凭证（回单） 1

第 7014 号

委托日期 20×× 年 11 月 9 日　　　　凭证号码：Ⅰ 01880412

付款人	全称	海河钢管制造有限责任公司			收款人	全称	鞍山钢铁有限公司	
	账号或住址	30612345678900000006				账号或住址	405547814567	
	汇出地点	海河 市/县	汇出行名称	海苑支行		汇入地点	辽宁省鞍山 市/县	汇入行名称：永安支行

金额	人民币（大写）：陆佰零壹万玖仟陆佰伍拾元整	千	百	十	万	千	百	十	元	角	分
		¥	6	0	1	9	6	5	0	0	0

汇款用途：支付鞍山钢铁公司货款

中国工商银行海苑支行 20××.11.09 转讫

此联汇出行给汇款人回单

单位主管：　　　　会计：　　　　复核：　　　　记账　　　　汇出行盖章

业务 14

9 日，从鞍山钢铁公司购铸铁 2 100 吨，单价 2 450 元，价税合计 6 019 650 元。电汇付款。材料已经入库。

原始凭证：①材料入库单；②增值税专用发票；③电汇回单。

借：原材料——铸铁块

应交税费——应交增值税（进项税额）

贷：银行存款——工商银行海苑支行　　付款凭证，附件 3 张

业务 11-14-3

鞍山市增值税专用发票

发票联

No.0356853

开票日期：20××年11月9日

购货单位	名　　称：海河钢管制造有限责任公司 纳税人识别号：120000123456789 地 址 、电 话：海河市五大道107号　022-20060066 开户行及账号：工商银行海苑支行 3061234567890000006					密码区	（略）
货物或应税劳务名称	规格型号	单 位	数 量	单 价	金 额	税率	税 额
铸铁块		吨	2 100	2 450.00	5 145 000.00	0.17	874 650.00
合　计							
价税合计（大写）	陆佰零壹万玖仟陆佰伍拾元整				（小写）¥6 019 650.00		
销货单位	名　　称：鞍山钢铁有限公司 纳税人识别号：120000128504412 地 址 、电 话：鞍山市河西区鞍钢路45号 开户行及账号：工商银行永安支行　405547814567					备注	鞍山钢铁有限公司 120000128504412 发票专用章

收款人：朱全　　复核：杭方　　开票人：金伟　　销货单位：

第二联　发票联　购货方记账凭证

业务 11-15

第8号

委电　**委托收款**凭证（收账通知）　④

委托号码：0689

委托日期　20××年11月10日　　第1000738015号

付款人	全　　称	吉林油田钻井公司	收款人	全　　称	海河钢管制造有限责任公司
	账号或地址	吉林省松原市油田街36号 605123123789		账　　号	海河市五大道107号 3061234567890000006
	开户银行	工商银行油田支行		开户银行	工商银行海苑支行
委收金额	人民币（大写）：伍佰玖拾叁万壹仟玖佰元整			千 百 十 万 千 百 十 元	¥ 5 9 3 1 9 0 0
款项内容	货款	委托收款凭据名称	商业承兑汇票	附寄单证张数	中国工商银行海苑支行 20××.11.10
备 注 ： 电划		款项收托日期　年 月 日		收款人开户银行盖章 20××年11月10日	

单位主管：张新　　会计：于辉　　复核　　记账

此联银行收款后退回单位的支款通知

业务 15

10 日，吉林油田钻井公司商业承兑汇票款 5 931 900 元到期，对方如期兑付。

原始凭证：银行收款通知单。

借：银行存款——工商银行海苑支行

贷：应收票据——吉林油田钻井公司　　收款凭证，附件 1 张

业务 11-16

（成品）入 库 单

仓库：成品库　　　　　　　　　　　　　　　　　　第 04 号

20×× 年 11 月 10 日

名 称	规 格	单 位	数 量	单价（元）	总价（元）	备注
地质井管	200#	吨	1 200	6 397.45	7 676 940	
地质井管	150#	吨	1 140	5 876.14	6 698 799.6	
地热管	240#	吨	600	5 965.32	3 579 192	
合计			2 940		17 954 931.6	

负责人：王雷　　　　　　　　经手人：吴玲

业务 11-17-1

领 料 单

发货仓库：成品库　　　　　　　　　　　　　　　　第 05 号

单　　位：基本生产车间　　　　　　　　　　　　　20×× 年 11 月 10 日

名 称	规 格	单 位	数 量	单价（元）	总价（元）	备注
海绵铁		吨	1 170	3 300	3 861 000	
废钢铁		吨	1 236	2 600	3 213 600	
铸铁块		吨	678	2 450	1 661 100	
合计					8 735 700	

负责人：刘佳　　　　　　　　经手人：吴玲

业务 11-17-2

领 料 单

发货仓库：材料库　　　　　　　　　　　　　　　　第 06 号

单　　位：基本生产车间　　　　　　　　　　　　　20×× 年 11 月 10 日

名 称	规 格	单 位	数 量	单价（元）	总价（元）	备注
接箍	200#	个	3 360	480	1 612 800	
接箍	150#	个	3 360	320	1 075 200	
接箍	240#	个	1 680	380	638 400	
合计					3 326 400	

负责人：刘佳　　　　　　　　经手人：吴玲

业务 16

10 日，部分成品入库。

原始凭证：成品入库单 1 张。

提示：只需记录库存商品数量明细账。　　无记账凭证，附件 1 张

业务 17

10 日，生产车间领出原材料。

原始凭证：领料单。

提示：参见业务 7。　　无记账凭证，附件 4 张

业务 11-17-3

领 料 单

发货仓库：材料库　　　　　　　　　　　　　　　　　　　　　　　　　　　　第 07 号

单　　位：基本生产车间　　　　　　　　　　　　　　　　　　　　　　20××年11月10日

名　称	规　格	单　位	数　量	单价（元）	总价（元）	备注
保护环		个	16 800	60	1 008 000	
丝扣油		千克	702	28	19 656	
油漆		千克	14 100	20	282 000	
合计					1 309 656	

负责人：刘佳　　　　　　　　　　　　　　　　经手人：吴玲

业务 11-17-4

领 料 单

发货仓库：材料库　　　　　　　　　　　　　　　　　　　　　　　　　　　　第 08 号

单　　位：辅助生产车间　　　　　　　　　　　　　　　　　　　　　　20××年11月10日

名　称	规　格	单　位	数　量	单价（元）	总价（元）	备注
防腐剂		桶	15	40	600	
合计					600	

负责人：刘佳　　　　　　　　　　　　　　　　经手人：吴玲

业务 11-18

中国工商银行　进账单（收账通知）　1

20×× 年 11 月 12 日　　　　第 10 号

付款人	全称	湖南热能工程公司	收款人	全称	海河钢管制造有限责任公司
	账号	605123123456		账号	3061234567890000006
	开户银行	工商银行玉衡支行		开户银行	工商行海苑支行

人民币（大写）：玖佰柒拾贰万玖仟柒佰贰拾元整	万	千	百	十	万	千	百	十	元	角	分
		¥	9	7	2	9	7	2	0	0	0

票据种类	转账支票	持票人开户行盖章（中国工商银行海苑支行 20××.11.12 转讫）
票据张数	1 张	
单位 单位主管：张新　会计：于辉　复核：张新　记账		

此联是持票人开户银行交给持票人的收账通知

业务 11-19

中国工商银行电汇凭证（回单）　1

第 3131 号

委托日期　20×× 年 11 月 13 日　　凭证号码：Ⅰ 01880551

付款人	全称	海河钢管制造有限责任公司			收款人	全称	海河配件有限公司		
	账号或住址	3061234567890000006				账号或住址	705123123789		
	汇出地点	海河 市/~~县~~	汇出行名称	海苑支行		汇入地点	海河 市/~~县~~	汇入行名称	前进支行

金额	人民币（大写）：叁佰万元整	千	百	十	万	千	百	十	元	角	分
		¥	3	0	0	0	0	0	0	0	0

汇款用途：支付海河配件厂货款

（中国工商银行海苑支行 20××.11.13 转讫）

单位主管：　　会计：　　复核：　　记账　　汇出行盖章

此联汇出行给汇款人回单

业务 18

12 日，湖南热能工程公司归还前欠货款 9 729 720 元，交来转账支票一张。

原始凭证：银行进账单。

借：银行存款——工商银行海苑支行

  贷：应收账款——湖南热能工程公司　　　　收款凭证，附件 1 张

业务 19

13 日，按购货合同规定，如期支付前欠海河配件厂货款 3 000 000 元。

原始凭证：电汇回单。

借：应付账款——海河配件厂

  贷：银行存款——工商银行海苑支行　　　　付款凭证，附件 1 张

业务 11-20-1

A B

商业承兑汇票　2

NO 222222

出票日期　贰零××年拾壹月壹拾叁日　　第 48 号

<table>
<tr><td rowspan="3">付款人</td><td>全称</td><td colspan="3">新疆油田钻井公司</td><td rowspan="3">收款人</td><td>全称</td><td colspan="3">海河钢管制造有限责任公司</td></tr>
<tr><td>账号</td><td colspan="3">805654328504</td><td>账号</td><td colspan="3">30612345678900000006</td></tr>
<tr><td>开户银行</td><td>工商银行胜利支行</td><td>行号</td><td>20255</td><td>开户银行</td><td>工商银行海苑支行</td><td>行号</td><td>30612</td></tr>
<tr><td colspan="2">出票金额</td><td colspan="8">壹仟伍佰柒拾玖万伍仟元整　千 百 十 万 千 百 十 元 角 分：1 5 7 9 5 0 0 0 0 0</td></tr>
<tr><td colspan="2">汇票到期日</td><td colspan="3">20××.02.13</td><td colspan="2">交易合同号码</td><td colspan="3"></td></tr>
<tr><td colspan="5">新疆油田钻井公司 财务专用章
承兑人签章</td><td colspan="5">备注：</td></tr>
</table>

此联持票人开户行随委托收款凭证寄付款人开户行作借方凭证附件

业务 11-20-2

海河市增值税专用发票

记账联

No.0983272

此联不作报效、扣款凭证使用　开票日期：20××年11月13日

<table>
<tr><td>购货单位</td><td colspan="6">名　　称：新疆油田钻井公司
纳税人识别号：120456123450987
地 址 、电 话：新疆维吾尔族自治区胜利南路 84 号、24586609
开户行及账号：工商银行胜利支行、805654328504</td><td>密码区</td><td>（略）</td></tr>
<tr><td>货物或应税劳务名称</td><td>规格型号</td><td>单 位</td><td>数 量</td><td>单 价</td><td>金 额</td><td>税率</td><td colspan="2">税 额</td></tr>
<tr><td>地质井管</td><td>200#</td><td>吨</td><td>1800</td><td>7 500.00</td><td>13 500 000.00</td><td>17%</td><td colspan="2">2 295 000.00</td></tr>
<tr><td>合　计</td><td></td><td></td><td></td><td></td><td></td><td></td><td colspan="2"></td></tr>
<tr><td>价税合计（大写）</td><td colspan="8">壹仟伍佰柒拾玖万伍仟元整　（小写）¥15 795 000.00</td></tr>
<tr><td>销货单位</td><td colspan="6">名　　称：海河钢管制造有限责任公司
纳税人识别号：120000123456789
地 址 、电 话：海河市五大道 107 号　022-20060066
开户行及账号：工商银行海苑支行　30612345678900000006</td><td>备注</td><td>海河钢管制造有限责任公司 120000123456789 发票专用章</td></tr>
</table>

收款人：丁茜　　复核：王梅　　开票人：何杰　　销货单位：

第四联　记账联　销货方记账凭证

业务 20

13 日，新疆油田钻井公司购 200# 地质井管 1 800 吨，单价 7 500 元，价税合计 15 795 000 元。根据购销合同对方单位交来商业承兑汇票一张。

原始凭证：①商业承兑汇票；②增值税专用发票；③成品出库单。

提示：此联持票人开户行随委托收款凭证寄付款人开户行作借方凭证附件。

借：应收票据——新疆油田钻井公司

　贷：主营业务收入——地质井管 200#

　　应交税费——应交增值税（销项税额）　　转账凭证，附件 3 张

业务 11-20-3

出　库　单

发货仓库：成品库　　　　　　　　　　　　　　　　　　　　　　第 02 号

提货单位：新疆油田钻井公司　　　　　　　　　　　　　　　　20×× -11-13

名　称	规　格	单　位	数　量	单价（元）	总价（元）	备注
地质井管	200#	吨	1 800	7 500	13 500 000	
合计			1 800		13 500 000	

二、交会计

负责人：王雷　　　　　　　　　　　　　　　　经手人：李可

业务 11-21-1

中国工商银行

转账支票存根

Ⅱ　2065

科　　目＿＿＿＿＿＿

对方科目＿＿＿＿＿＿

出票日期 20×× 年 11 月 14 日

收款人：天才培训公司
金　额：¥27 000.00
用　途：划拨职工培训费

单位主管　　　　会计

业务 11-22-1

中国工商银行

转账支票存根

Ⅱ　2066

科　　目＿＿＿＿＿＿

对方科目＿＿＿＿＿＿

出票日期 20×× 年 11 月 15 日

收款人：海河市电视有限公司
金　额：¥144 160.00
用　途：支付广告费

单位主管　　　　会计

业务 11-21-2

海河市增值税专用发票

发票联

No.7554991

开票日期：20×× 年 11 月 14 日

购货单位	名　　称：海河钢管制造有限责任公司 纳税人识别号：120000123456789 地 址 、电 话：海河市五大道 107 号　022-20060066 开户行及账号：工商银行海苑支行　306123456789000006					密码区	（略）
货物或应税劳务名称	规格型号	单 位	数 量	单 价	金 额	税率	税 额
培训费					25 471.70	6%	1 528.30
合　　计					25 471.70		1 528.30
价税合计（大写）	贰万柒仟元整				（小写）¥27 000.00		
销货单位	名　　称：天才培训公司 纳税人识别号：120000113445769 地 址 、电 话：海河市新华区红旗路 59 路 开户行及账号：工商银行海苑支行　306123476514					备注	

收款人：朱全　　复核：杭方　　开票人：金伟　　销货单位：

第二联　发票联　购货方记账凭证

业务 11-22-2

海河市增值税专用发票

发票联

No.7554992

开票日期：20×× 年 11 月 15 日

购货单位	名　　称：海河钢管制造有限责任公司 纳税人识别号：120000123456789 地 址 、电 话：海河市五大道 107 号　022-20060066 开户行及账号：工商银行海苑支行　306123456789000006					密码区	（略）
货物或应税劳务名称	规格型号	单 位	数 量	单 价	金 额	税率	税 额
广告费			1	136 000	136 000.00	6%	8 160.00
合　　计							
价税合计（大写）	拾肆万肆仟壹佰陆拾元整				（小写）¥144 160.00		
销货单位	名　　称：海河市电视有限公司 纳税人识别号：120000113445788 地 址 、电 话：海河市白堤路 88 号 开户行及账号：工商银行海苑支行　306123476507					备注	

收款人：朱全　　复核：杭方　　开票人：金伟　　销货单位：

第二联　发票联　购货方记账凭证

业务 21

14 日，企业员工培训，发生培训费用价税合计 27000 元，开出转账支票交给天才培训公司。

原始凭证：①转账支票存根，票号 2065；②增值税专用发票。

提示：培训费用以企业教育经费支付。“营改增”后，培训费按 6% 征收增值税。

借：应付职工薪酬——教育经费

　　应交税费——应交增值税（进项税额）

　贷：银行存款——工商银行海苑支行　　付款凭证；附件 2 张

业务 22

15 日，开出转账支票支付海河电视台广告部电视广告费 136 000 元。

原始凭证：①转账支票存根，票号 2066；②广告费发票。

提示：“税制改革”营改增后，一般纳税人广告费按 6% 征收增值税。

借：销售费用——广告费

　　应交税费——应交增值税（进项税额）

　贷：银行存款——工商银行海苑支行　　付款凭证，附件 2 张

业务 11-23-1

差旅费报销单

单位名称：海河钢管制造有限公司　　　　出差起止日期：20×× 年 11 月 2 日至 20×× 年 11 月 13 日

<table>
<tr><td colspan="2">出差人姓名</td><td>王方</td><td>出差地点</td><td colspan="3"></td><td colspan="2">出差天数</td><td></td><td>事由：</td></tr>
<tr><td rowspan="7">车船及宿费</td><td>种　类</td><td>票据张数</td><td>金　额</td><td rowspan="7">出差补助费</td><td>出差地点</td><td>天数</td><td>标准</td><td>金额</td><td colspan="2">报销结算情况</td></tr>
<tr><td>火车费</td><td>2</td><td>500.00</td><td>鞍山</td><td>12</td><td>160</td><td>1 920.00</td><td colspan="2" rowspan="2"></td></tr>
<tr><td>飞机费</td><td></td><td></td><td></td><td></td><td></td><td></td></tr>
<tr><td>长途汽车费</td><td></td><td></td><td></td><td></td><td></td><td></td><td colspan="2" rowspan="4">退还或补交
出纳：</td></tr>
<tr><td>市内电汽车费</td><td></td><td></td><td></td><td></td><td></td><td></td></tr>
<tr><td>住宿费</td><td>4</td><td>1 800.00</td><td></td><td></td><td></td><td></td></tr>
<tr><td>其　他</td><td></td><td></td><td></td><td></td><td></td><td></td></tr>
<tr><td></td><td>小　计</td><td>6</td><td>2 300.00</td><td></td><td></td><td></td><td></td><td>1 920.00</td><td colspan="2"></td></tr>
<tr><td>合计金额</td><td colspan="8">大写：肆仟贰佰贰拾元整　　小写：¥4 220.00</td><td colspan="2">负责人：</td></tr>
</table>

报账日期：20×× 年 11 月 15 日　　　　支领人：

业务 11-23-2

（现金）收款凭单

20×× 年 11 月 15 日　　　　编号 001

<table>
<tr><td>收　　到</td><td colspan="8">采购部　王方</td></tr>
<tr><td>收款事由</td><td colspan="8">交回多余差旅费借款</td></tr>
<tr><td rowspan="2">金　　额</td><td>万</td><td>千</td><td>百</td><td>十</td><td>元</td><td>角</td><td>分</td><td rowspan="2">人民币：贰佰捌拾元整</td></tr>
<tr><td></td><td>¥</td><td>2</td><td>8</td><td>0</td><td>0</td><td>0</td></tr>
<tr><td colspan="9">批准人：王梅　　出纳：丁茜　　申请人：王方　　经手人签字盖章：王方</td></tr>
</table>

海河钢管制造有限责任公司 财务专用章

业务 23

15 日，王方报销差旅费。其中：交通费 500 元，住宿费 1 800 元（150 × 12 天），出差补助费 1 920 元（160 × 12 天）。

原始凭证：①差旅费报销单；②现金收款凭证。

借：管理费用——差旅费

　贷：其他应收款——王方　　　　转账凭证，附件 1 张

借：库存现金

　贷：其他应收款——王方　　　　收款凭证，附件 1 张

业务 11-24-2

海河市增值税专用发票

No.7554993

发票联

开票日期：20×× 年 11 月 16 日

购货单位	名　　称：海河钢管制造有限责任公司 纳税人识别号：120000123456789 地 址 、电 话：海河市五大道 107 号　022-20060066 开户行及账号：工商银行海苑支行 3061234567890000006					密码区	（略）
货物及应税劳务名称	规格型号	单 位	数 量	单 价	金 额	税率	税 额
丝扣油		公斤	3300	28	92 400.00	17%	15 708.00
合　　计							
价税合计（大写）	拾万零捌仟壹佰零捌元整						（小写）¥108 108.00
销货单位	名　　称：海河市长城润滑油公司 纳税人识别号：120000123678123 地 址 、电 话：海河市万新马路 108 号 开户行及账号：工商银行万新支行　409898712345					备注	

收款人：朱全　　复核：杭方　　开票人：金伟　　销货单位：

第二联　发票联　购货方记账凭证

业务 11-24-1

中国工商银行

转账支票存根

Ⅱ　2067

科　　目＿＿＿＿＿＿

对方科目＿＿＿＿＿＿

出票日期 20×× 年 11 月 16 日

收款人：海河市长城润滑油公司
金　额：¥108 108.00
用　途：支付材料费

单位主管　　　会计

业务 11-25-2

中国工商银行

转账支票存根

Ⅱ　2068

科　　目＿＿＿＿＿＿

对方科目＿＿＿＿＿＿

出票日期 20×× 年 11 月 18 日

收款人：海河市上城园林规划公司
金　额：¥68 400.00
用　途：支付绿化建设费用

单位主管　　　会计

业务 24

16 日，从海河长城润滑油公司购入丝扣油 3 300 千克，单价 28 元，价税款合计 108 108 元。开出转账支票付款。材料已入库。

原始凭证：①转账支票存根，票号 2067；②增值税专用发票；③材料入库单。

借：原材料——丝扣油

应交税费——应交增值税（进项税额）

贷：银行存款——工商银行海苑支行　　付款凭证，附件 3 张

业务 11-24-3

入　库　单

收货仓库：材料库　　　　　　　　　　　　　　　　　　第 05 号

供货单位：海河市长城润滑油公司　　　　　　　　　　20×× 年 11 月 16 日

名　称	规　格	单　位	数　量	单价（元）	金额（元）	备注
丝扣油		千克	3 300	28	92 400	
合计			3 300		92 400	

二、交会计

负责人：王雷　　　　　　　　　　　　　　　经手人：刘同

业务 11-25-1

海河市增值税专用发票

No.7554993

发票联

全国统一发票监制章 国家税务局监制

开票日期：20×× 年 12 月 18 日

<table>
<tr><td rowspan="4">购货单位</td><td colspan="5">名　　称：海河钢管制造有限责任公司</td><td rowspan="4">密码区</td><td colspan="3" rowspan="4">（略）</td></tr>
<tr><td colspan="5">纳税人识别号：120000123456789</td></tr>
<tr><td colspan="5">地 址 、电 话：海河市五大道 107 号　022-20060066</td></tr>
<tr><td colspan="5">开户行及账号：工商银行海苑支行 3061234567890000006</td></tr>
<tr><td colspan="2">货物及应税劳务名称</td><td>规格型号</td><td>单 位</td><td>数 量</td><td>单 价</td><td colspan="2">金 额</td><td>税率</td><td>税 额</td></tr>
<tr><td colspan="2">绿化建设费</td><td></td><td></td><td></td><td></td><td colspan="2">61 621.62</td><td>11%</td><td>6 778.38</td></tr>
<tr><td colspan="2">合　　计</td><td></td><td></td><td></td><td></td><td colspan="2"></td><td></td><td></td></tr>
<tr><td colspan="2">价税合计（大写）</td><td colspan="8">陆万捌仟肆佰元整　　　　（小写）¥68 400.00</td></tr>
<tr><td rowspan="4">销货单位</td><td colspan="5">名　　称：海河市上城园林规划公司</td><td rowspan="4">备注</td><td colspan="3" rowspan="4">海河市上城园林规划公司 123000678647022 发票专用章</td></tr>
<tr><td colspan="5">纳税人识别号：123000678647022</td></tr>
<tr><td colspan="5">地 址 、电 话：海河市上城路 66 号</td></tr>
<tr><td colspan="5">开户行及账号：工商银行上城支行　306123476606</td></tr>
</table>

第二联　发票联　购货方记账凭证

收款人：冯明　　　　复核：刘瑞　　　　开票人：王昆　　　　销货单位：

业务 25

18 日，企业进行厂区绿化建设，以银行存款进行支付海河市上城园林规划公司价税合计 68400 元，以银行存款支付。

提示：绿化建设费按 11% 征收增值税。

原始凭证：①增值税专用发票；②转账支票存根，票号 2068。

借：管理费用——其他

应交税费——应交增值税（进项税额）

贷：银行存款——工商银行海苑支行　　　　付款凭证；附件 2 张

业务 11-26

入　库　单

仓库：材料库　　　　　　　　　　　　　　　　　　第 06 号

供货单位：天津废旧钢铁公司　　　　　　　　　　20×× 年 11 月 19 日

名　称	规　格	单　位	数　量	单价（元）	金额（元）	备注
废钢铁		吨	3 000	2 600	7 800 000	
合计			3 000		7 800 000	

二、交会计

负责人：刘佳　　　　　　　　　　　　　　　　经手人：吴玲

业务 11-27

（成品）入　库　单

仓库：成品库　　　　　　　　　　　　　　　　　　第 02 号

供货单位：基本生产车间　　　　　　　　　　　20×× 年 11 月 19 日

名　称	规　格	单　位	数　量	单价（元）	总价（元）	备注
地质井管	200#	吨	1 200	6 397.45	7 676 940	
地质井管	150#	吨	1 140	5 876.14	6 698 799.6	
地热管	240#	吨	600	5 965.32	3 579 192	
合计					17 954 931.6	

二、交会计

负责人：刘佳　　　　　　　　　　　　　　　　经手人：吴玲

业务 26

19 日，从天津废旧钢铁公司购废钢铁 3 000 吨，材料已到达，未收到增值税专用发票。

原始凭证：材料入库单。

提示：期末如仍未收到结算凭证，需要暂估入账。　　　　无记账凭证，附件 1 张

业务 27

19 日，部分成品入库。

原始凭证：成品入库单 1 张。

提示：只需记录库存商品数量明细账。　　　　无记账凭证，附件 1 张

业务 11-28

第 8 号

委电　　**委托收款** 凭证（收账通知）　⑤　　委托号码：2008

委托日期　20×× 年 11 月 19 日　　付款期限：20×× 年 11 月 22 日

<table>
<tr><td rowspan="3">付款人</td><td>全　　称</td><td>海河钢管制造有限责任公司</td><td rowspan="3">收款人</td><td>全　　称</td><td colspan="9">海河海绵铁厂</td></tr>
<tr><td>账号或地址</td><td>海河市五大道 107 号
306123456789000000006</td><td>账　　号</td><td colspan="9">705123123788</td></tr>
<tr><td>开户银行</td><td>工商银行海苑支行</td><td>开户银行</td><td colspan="9">工商银行河北支行</td></tr>
<tr><td rowspan="2">委收金额</td><td colspan="4" rowspan="2">人民币（大写）：玖佰肆拾玖万捌仟零陆拾元整</td><td>千</td><td>百</td><td>十</td><td>万</td><td>千</td><td>百</td><td>十</td><td>元</td></tr>
<tr><td>¥</td><td>9</td><td>4</td><td>9</td><td>8</td><td>0</td><td>6</td><td>0</td></tr>
<tr><td>款项内容</td><td>购海绵铁</td><td>委托收款凭据名称</td><td>商业汇票</td><td>附寄单证张数</td><td colspan="9"></td></tr>
<tr><td colspan="3">备注：
电划</td><td colspan="2">款项收托日期
20×× 年 11 月 19 日</td><td colspan="9">收款人开户银行盖章
20×× 年 11 月 19 日
（章：中国工商银行海苑支行 20××.11.19 转讫）</td></tr>
</table>

此联银行收款后退回单位的支款通知

单位主管：张新　　会计：于辉　　复核　　记账

业务 11-29-1

海河市增值税专用发票　　No.083412

记账联　　开票日期：20×× 年 11 月 20 日

<table>
<tr><td>购货单位</td><td colspan="6">名　　称：新疆油田钻井公司
纳税人识别号：120456123450987
地址、电话：新疆维吾尔族自治区胜利南路 84 号　24586609
开户行及账号：工商银行胜利支行　805654328504</td><td>密码区</td><td>（略）</td></tr>
<tr><td colspan="2">货物或应税劳务名称</td><td>规格型号</td><td>单位</td><td>数量</td><td>单价</td><td>金额</td><td>税率</td><td>税额</td></tr>
<tr><td colspan="2">地质井管</td><td>200#</td><td>吨</td><td>1800</td><td>7 500.00</td><td>13 500 000.00</td><td>17%</td><td>2 295 000.00</td></tr>
<tr><td colspan="2">合　　计</td><td></td><td></td><td></td><td></td><td></td><td></td><td></td></tr>
<tr><td colspan="2">价税合计（大写）</td><td colspan="7">壹仟伍佰柒拾玖万伍仟元整　　（小写）¥15 795 000.00</td></tr>
<tr><td>销货单位</td><td colspan="6">名　　称：海河钢管制造有限责任公司
纳税人识别号：120000123456789
地址、电话：海河市五大道 107 号　022-20060066
开户行及账号：工商银行海苑支行　306123456789000000006</td><td>备注</td><td>（章：海河钢管制造有限责任公司 120000123456789 发票专用章）</td></tr>
</table>

第四联　记账联　销货方记账凭证

收款人：丁茜　　复核：王梅　　开票人：何杰　　销货单位：

业务 28

19 日，应付三个月期海河海绵铁厂到期票据款 9 498 060 元，银行予以支付。

原始凭证：委托收款付款通知。

提示：委托收款提示期为 10 天。

借：应付票据——海河海绵铁厂

贷：银行存款——工商银行海苑支行　　付款凭证，附件 1 张

业务 29

20 日，新疆油田钻井公司购买 200# 地质井管 1 800 吨，单价 7 500 元，价税合计 15 795 000 元，货款未付。

原始凭证：①增值税专用发票；②成品出库单。

借：应收账款——新疆油田钻井公司

贷：主营业务收入——地质井管 200#

应交税费——应交增值税（销项税额）　　转账凭证，附件 2 张

业务 11-29-2

出　库　单

发货仓库：成品库　　　　　　　　　　　　　　　　第 03 号

提货单位：新疆油田钻井公司　　　　　　　　　20×× 年 11 月 20 日

名　称	规　格	单　位	数　量	单价（元）	总价（元）	备注
地质井管	200#	吨	1 800	7 500	13 500 000	
合计			1 800		13 500 000	

二、交会计

负责人：李刚　　　　　　　　　　　　经手人：周明

业务 11-30

中国人民银行支付系统专用凭证　　NO0000952580

报文种类：　CMT109　　　　　　　　交易种类：　HVPS　　贷记

发起行行号：　68680　　　　　　　　支付交易序号：00809398

发起行名称：　工商银行玉衡支行

付款人账号：　605123123456　　　　委托日期：20××.11.20

付款人名称：　湖南热能工程公司

接收行行号：　20201

收款人账号：　3061234567890000006　　收报日期：20××.11.20

收款人名称：　海河钢管制造有限责任公司

货币名称、金额（大写）：壹仟肆佰肆拾陆万壹仟贰佰元整

货币符号、金额（小写）：￥14 461 200.00

附言：货款——工商银行海苑支行

中国工商银行 海苑支行 20××.11.20 业务清讫

报文状态：转挂账

流水号：59123　　　　打印时间：20××-11-20　10:21:18

第 01 次打印！

第二联　作客户通知单　　　　会计　李楠　　　　复核　刘磊　　　　记账

业务 30

20 日，收到湖南热能工程公司购 200# 地质井管货款 14 461 200 元。

原始凭证：银行入账通知书。

借：银行存款——工商银行海苑支行

　贷：应收账款——湖南热能工程公司　　　　收款凭证，附件 1 张

业务 11–31–1

海河市增值税专用发票

No.0983267

记账联

开票日期：20×× 年 11 月 20 日

<table>
<tr><td rowspan="4">购货单位</td><td colspan="5">名　　称：天津大港油田钻井公司</td><td rowspan="4">密码区</td><td colspan="2" rowspan="4">（略）</td></tr>
<tr><td colspan="5">纳税人识别号：120456123456893</td></tr>
<tr><td colspan="5">地 址 、电 话：天津市大港路 43 号　24581234</td></tr>
<tr><td colspan="5">开户行及账号：工商银行大港支行　805654320808</td></tr>
<tr><td colspan="2">货物及应税劳务名称</td><td>规格型号</td><td>单 位</td><td>数 量</td><td>单 价</td><td>金 额</td><td>税率</td><td>税 额</td></tr>
<tr><td colspan="2">地质井管</td><td>150#</td><td>吨</td><td>2 400</td><td>6 700.00</td><td>16 080 000.00</td><td>17%</td><td>2 733 600.00</td></tr>
<tr><td colspan="2">合　　计</td><td colspan="2">货款未付</td><td></td><td></td><td></td><td></td><td></td></tr>
<tr><td colspan="2">价税合计（大写）</td><td colspan="7">壹仟捌佰捌拾壹万叁仟陆佰元整　　（小写）¥18 813 600.00</td></tr>
<tr><td rowspan="4">销货单位</td><td colspan="5">名　　称：海河钢管制造有限责任公司</td><td rowspan="4">备注</td><td colspan="2" rowspan="4">海河钢管制造有限责任公司
120000123456789
发票专用章</td></tr>
<tr><td colspan="5">纳税人识别号：120000123456789</td></tr>
<tr><td colspan="5">地 址 、电 话：海河市五大道 107 号　022-20060066</td></tr>
<tr><td colspan="5">开户行及账号：工商银行海苑支行 306123456789000000 6</td></tr>
</table>

第四联　记账联　销货方记账凭证

收款人：丁茜　　复核：王梅　　开票人：何杰　　销货单位：

业务 11–31–2

出　库　单

发出仓库：成品库　　　　第 04 号

提货单位：天津大港油田钻井公司　　　　20×× 年 11 月 20 日

名　称	规　格	单　位	数　量	单价（元）	金额（元）	备注
地质井管	150#	吨	2 400	6 700	16 080 000	
合计			2 400		16 080 000	

二、交会计

负责人：张兰　　　　经手人：李可

业务 31

20 日，天津大港油田钻井公司购买 150# 地质井管 2 400 吨，单价 6 700 元，价税合计 18 813 600 元，货款未付。

原始凭证：①增值税专用发票；②成品出库单。

借：应收账款——天津大港油田钻井公司

　贷：主营业务收入——地质井管 150#

　　　应交税费——应交增值税（销项税额）　　　　转账凭证，附件 2 张

业务 11-32-1

海河市增值税普通发票

No.0828705

发票联

开票日期：20×× 年 11 月 20 日

购货单位	名　　称：海河钢管制造有限责任公司 纳税人识别号：120000123456789 地 址 、电 话：海河市五大道 107 号　022-20060066 开户行及账号：工商银行海苑支行 306123456789000006			密码区	（略）		
货物及应税劳务名称	规格型号	单 位	数 量	单 价	金 额	税率	税 额
办公用品	文具组合	套	4	123.08	492.31	17%	83.69
合　计							
价税合计（大写）	伍佰柒拾陆元整				（小写）¥576.00		
销货单位	名　　称：劝业股份有限公司 纳税人识别号：120000113445767 地 址 、电 话：海河市河东区长城路 11 号 开户行及账号：工商银行海苑支行　306123476512			备注			

第四联　记账联　销货方记账凭证

收款人：朱金　　复核：杭方　　开票人：金伟　　销货单位：

业务 11-32-2

（现金）付款凭单

20×× 年 11 月 20 日　　编号 002

交　付	总经理办公室刘红							
付款事由	报销业务办公费							
金　额	万	千	百	十	元	角	分	人民币：伍佰柒拾陆元整
		¥	5	7	6	0	0	

批准人：王梅　　出纳：丁茜　　申请人：刘红　　经手人签字盖章：刘红

业务 11-33-1

领　料　单

发货仓库：材料库　　第 09 号

单　　位：基本生产车间　　20×× 年 11 月 20 日

名 称	规 格	单 位	数 量	单价（元）	总价（元）	备注
海绵铁		吨	1 170	3 300	3 861 000	
废钢铁		吨	1 224	2 600	3 182 400	
铸铁块		吨	676.8	2 450	1 658 160	
合计					8 701 560	

负责人：刘佳　　经手人：吴玲

业务 32

20 日，刘红报销办公费用共计 576 元。其中基本生产车间 123.6 元，辅助生产车间 114 元，其余为管理部门发生费用。

原始凭证：①增值税普通发票；②现金付款凭证。

借：管理费用——办公费

制造费用——基本生产车间

——辅助生产车间

贷：库存现金

付款凭证；附件 2 张

业务 33

20 日，生产车间领出原材料。

原始凭证：领料单 4 张。

无记账凭证，附件 4 张

业务 11-33-2

领　料　单

发货仓库：材料库　　　　　　　　　　　　　　　　　　　　　第　10　号

单　　位：基本生产车间　　　　　　　　　　　　　　　　　20×× 年 11 月 20 日

名　称	规　格	单　位	数　量	单价（元）	总价（元）	备注
接箍	200#	个	3 360	480	1 612 800	
接箍	150#	个	3 360	320	1 075 200	
接箍	240#	个	1 680	380	638 400	
合计					3 326 400	

负责人：刘佳　　　　　　　　　　　　经手人：吴玲

业务 11-33-3

领　料　单

发货仓库：材料库　　　　　　　　　　　　　　　　　　　　　第　11　号

单　　位：基本生产车间　　　　　　　　　　　　　　　　　20×× 年 11 月 20 日

名　称	规　格	单　位	数　量	单价（元）	总价（元）	备注
保护环		个	16 800	60	1 008 000	
丝扣油		千克	696	28	19 488	
油漆		千克	13 800	20	276 000	
合计					1 303 488	

负责人：刘佳　　　　　　　　　　　　经手人：吴玲

业务 11-33-4

领　料　单

发货仓库：材料库　　　　　　　　　　　　　　　　　　　　　第　12　号

单　　位：辅助生产车间　　　　　　　　　　　　　　　　　20×× 年 11 月 20 日

名　称	规　格	单　位	数　量	单价（元）	总价（元）	备注
防腐剂		桶	12	40	480	
合计			12		480	

负责人：刘佳　　　　　　　　　　　　经手人：吴玲

业务 11-34

（成品）入　库　单

发货仓库：成品库　　　　　　　　　　　　第 03 号

20×× 年 11 月 29 日

名　称	规　格	单　位	数　量	单价（元）	总价（元）	备注
地质井管	200#	吨	900	6 397	5 757 705	
地质井管	150#	吨	1 140	5 876	6 698 800	
地热管	240#	吨	540	5 965	3 221 273	
合计					15 677 778	

二、交会计

负责人：刘佳　　　　　　　　　　经手人：吴玲

业务 11-35-1

海河市增值税专用发票

记账联

No.0983287

此联不作报效、扣款凭证使用　　　开票日期：20×× 年 11 月 29 日

购货单位	名　　称：湖南热能工程公司 纳税人识别号：130123123456789 地 址 、电 话：湖南省长沙市玉衡街 60 号　0731-86661236 开户行及账号：工商银行玉衡支行　605123123456				密码区	（略）	
货物或应税劳务名称	规格型号	单 位	数 量	单 价	金 额	税率	税　额
地热管	240#	吨	480	6 900.00	3 312 000.00	17%	563 040.00
合　　计							
价税合计（大写）	叁佰捌拾柒万伍仟零肆拾元整				（小写）¥3 875 040.00		
销货单位	名　　称：海河钢管制造有限责任公司 纳税人识别号：120000123456789 地 址 、电 话：海河市五大道 107 号　022-20060066 开户行及账号：工商银行海苑支行　3061234567890000006				备注	海河钢管制造有限责任公司 120000123456789 发票专用章	

第四联　记账联　销货方记账凭证

收款人：丁茜　　复核：王梅　　开票人：何杰　　销货单位：

业务 34

29 日，部分成品入库。

原始凭证：成品入库单。　　无记账凭证，附件 1 张

业务 35

29 日，湖南热能工程公司购买 240# 地热管 480 吨，单价 6 900 元，价税合计 3 875 040 元，货款已收。

原始凭证：①增值税专用发票；②银行存款送款单回单；③成品出库单。

借：银行存款——工商银行海苑支行

　贷：主营业务收入——地热管 240#

　　　应交税费——应交增值税（销项税额）　　收款凭证，附件 3 张

业务 11-35-2

中国工商银行　**进账单**（收账通知）　1

20×× 年 11 月 29 日　　　　第 11 号

<table>
<tr><td rowspan="3">付款人</td><td>全称</td><td>湖南热能工程公司</td><td rowspan="3">收款人</td><td>全称</td><td colspan="10">海河钢管制造有限责任公司</td></tr>
<tr><td>账号</td><td>605123123456</td><td>账号</td><td colspan="10">3061234567890000006</td></tr>
<tr><td>开户银行</td><td>工商银行玉衡支行</td><td>开户银行</td><td colspan="10">工商行海苑支行</td></tr>
<tr><td colspan="5" rowspan="2">人民币（大写）：叁佰捌拾柒万伍仟零肆拾元整</td><td>千</td><td>百</td><td>十</td><td>万</td><td>千</td><td>百</td><td>十</td><td>元</td><td>角</td><td>分</td></tr>
<tr><td>¥</td><td>3</td><td>8</td><td>7</td><td>5</td><td>0</td><td>4</td><td>0</td><td>0</td><td>0</td></tr>
<tr><td colspan="2">票据种类</td><td colspan="3">转账支票</td><td colspan="10" rowspan="3">中国工商银行海苑支行 20××.11.29 转讫
持票人开户行盖章</td></tr>
<tr><td colspan="2">票据张数</td><td colspan="3">1 张</td></tr>
<tr><td colspan="5">单位主管：张新　会计：于辉　复核：张新　记账</td></tr>
</table>

此联是持票人开户银行交给持票人的收账通知

业务 11-35-3

出　库　单

发货仓库：成品库　　　　第 05 号

提货单位：湖南热能工程公司　　　　20×× 年 11 月 29 日

名　称	规　格	单　位	数　量	单价（元）	总价（元）	备注
地热管	240#	吨	480	6 900	3 312 000	
合计			480		3 312 000	

二、交会计

负责人：张兰　　　　经手人：李可

业务 11-36-1

付 款 凭 单

20×× 年 11 月 29 日　　　　编号 003

<table>
<tr><td rowspan="1">交　付</td><td colspan="8">销售部张兰</td></tr>
<tr><td>付款事由</td><td colspan="8">报销业务招待费</td></tr>
<tr><td rowspan="2">金　额</td><td>万</td><td>千</td><td>百</td><td>十</td><td>元</td><td>角</td><td>分</td><td rowspan="2">人民币：伍仟壹佰陆拾元整</td></tr>
<tr><td>¥</td><td>5</td><td>1</td><td>6</td><td>0</td><td>0</td><td>0</td></tr>
</table>

海河钢管制造有限责任公司 财务专用章

批准人：王梅　　出纳：丁茜　　申请人：张兰　　经手人签字盖章：张兰

业务 36

29 日，销售部张兰报销本月业务招待费 5 160 元。财务部以现金补足其定额备用金。

原始凭证：①现金付款单；②业务招待费发票。

借：管理费用——业务招待费

　贷：库存现金　　　　付款凭证，附件 2 张

业务 11-36-2

海河市餐饮业统一发票(卷票)

发票代码：110101774739183000

发票号码：62994185

密码：

信息码：2×11120704

税务登记号：310083420864154

收款单位：海河市海河大酒店

付款单位：海河钢管制造有限公司

经销项目　　金额

餐饮

金额合计：¥5 160.00

(人民币大写)伍仟壹佰陆拾元整

机打票号：00010001008709

税控置防伪码：1327 8098 9200 0473 6001

税控装置号：

业务 11-37-2

中国工商银行

转账支票存根

Ⅱ　2069

科　　目____________

对方科目____________

出票日期 20×× 年 11 月 30 日

收款人：海河机械维修公司
金　额：¥35 100.00
用　途：支付设备维修费

单位主管　　　　会计

业务 11-38-1

中国工商银行

转账支票存根

Ⅱ　2070

科　　目____________

对方科目____________

出票日期 20×× 年 11 月 30 日

收款人：海河市银建运输有限公司
金　额：¥214 896.00
用　途：支付班车费

单位主管　　　　会计

业务 11-37-1

海河市增值税专用发票

发票联

No.0828703

开票日期：20×× 年 11 月 30 日

购货单位	名　　称：海河钢管制造有限责任公司 纳税人识别号：120000123456789 地 址 、电 话：海河市五大道 107 号　022-20060066 开户行及账号：工商银行海苑支行　3061234567890000006				密码区	（略）	
货物或应税劳务名称	规格型号	单 位	数 量	单 价	金 额	税率	税 额
设备维修					30 000.00	17%	5 100.00
合　计							
价税合计（大写）	叁万伍仟壹佰元整			（小写）¥35 100.00			
销货单位	名　　称：海河市机械维修公司 纳税人识别号：120000123612345 地 址 、电 话：海河市河东区工业路 53 号 开户行及账号：工商银行塘口支行　3064055478543210000				备注	海河市机械维修公司 120000123612345 发票专用章	

收款人：朱全　　复核：杭方　　开票人：金伟　　销货单位：

第一联　发票联　购货方记账凭证

业务 11-38-2

海河市

公路客运定额票

发票联

加盖公章

元

（金额自己填写）

20　年　月　日

定额使用

业务 37

30 日开出转账支票支付海河机械维修公司设备维护费 30 000 元。价税合计为 35 100 元。

原始凭证：①增值税专用发票；②支票存根，票号 2069。

借：管理费用——修理费

　　应交税费——应交增值税（进项税额）

　贷：银行存款——工商银行海苑支行　　　　付款凭证，附件 2 张

业务 38

结算并支付本月班车费 214 896 元。

原始凭证：①班车费结算支票存根，票号 2070；②结算发票；③班车费分配表。

提示：班车费每人每天按 12 元计算，每月 22 个工作日。本企业人员构成为：基本生产车间 700 人，辅助生产车间 14 人，管理部门 100 人。

借：管理费用——班车

　　制造费用——基本生产车间

　　　　　　——辅助生产车间

　贷：银行存款——工商银行海苑支行　　　　付款凭证，附件 3 张

业务 11-38-3

班车费计算分配表

20×× 年 11 月 30 日

项目 / 部门	人数	天数	单价	分配金额（元）
基本生产车间	700	22	12	184 800
辅助生产车间	14	22	12	3 696
管理部门	100	22	12	26 400
合计	814	—	—	214 896

复核人：　王梅　　　　　　　　　　　　制表人：孙亮

业务 11-39　凭证略

业务 39

从天津钢铁物资回收公司购入的废钢铁仍未收到结算凭证，以每吨 2600 元暂估入账。

原始凭证：参见业务 26，表“11–26”领料单。

借：原材料——废钢铁

　贷：应付账款——天津废旧钢铁公司　　　　转账凭证；附件 0 张

第四章　企业费用的计算分配与成本核算

第一节　原材料费用的计算与分配

一、具体要求与指导

（1）根据原材料明细账计算并编制“原材料加权平均单位成本计算表”；

（2）根据“领料单”和“原材料加权平均单位成本计算表”填制“发料凭证汇总表”；

（3）根据“发料凭证汇总表”编制记账凭证，并根据记账凭证登记原材料、生产成本、制造费用、销售费用明细账，同时，对原材料明细账进行结账。

二、会计交易或事项（原始凭证）

业务 11–40–1

原材料加权平均单位成本计算表

20××年 11 月 30 日

材料名称	期初结存		本期收入		加权平均单位成本
	数量	金额（元）	数量	金额（元）	
海绵铁	4 800 吨	15 840 000	—	—	3 300
废钢铁	3 600 吨	9 360 000	3 000 吨	7 800 000	2 600
铸铁块	1 200 吨	2 940 000	2 100 吨	5 145 000	2 450
接箍 200#	600 个	288 000	10 200 个	4 896 000	480
接箍 150#	960 个	307 200	10 200 个	3 264 000	320
接箍 240#	1 800 个	684 000	6 000 个	2 280 000	380
保护环	11 100 个	666 000	54 000 个	3 240 000	60
丝扣油	1 800 千克	50 400	3 300 千克	92 400	28
油漆	6 000 千克	120 000	39 000 千克	780 000	20
防腐剂	120 桶	4 800	—	—	40
合计	—	30 260 400	—	27 497 400	—

业务 40

结转本月领用材料费用。其中地质井管 200# 生产成本 16 941 120.00 元；地质井管 150# 生产成本 15 328 320.00 元；地热管 240# 生产成本 7 809 480.00 元。

原始凭证：①各旬领料单；②发出材料汇总表。

借：生产成本——基本生产成本——地质井管 200#
——地质井管 150#
——地热管 240#
——辅助生产成本
贷：原材料——海绵铁
——废钢铁
——铸铁块
——接箍 200#
——接箍 150#
——接箍 240#
——保护环
——丝扣油
——油漆

转账凭证，附件 2 张

业务 11-40-2

发出材料汇总表

20×× 年 11 月 30 日

名称 \ 项目		第一次领料	第二次领料	第三次领料	单价（元）	金额合计
原料及主要材料	海绵铁（吨）	1 171.2	1 170	1 170	3 300	11 586 960
	废钢铁（吨）	1 236	1 236	1 224	2 600	9 609 600
	铸铁块（吨）	678	678	676.8	2 450	4 980 360
外购半成品	接箍 200#（个）	3 360	3 360	3 360	480	4 838 400
	接箍 150#（个）	3 360	3 360	3 360	320	3 225 600
	接箍 240#（个）	1 680	1 680	1 680	380	1 915 200
辅助材料	保护环（个）	16 800	16 800	16 800	60	3 024 000
	丝扣油（千克）	702	702	696	28	58 800
	油漆（千克）	14 100	14 100	13 800	20	840 000
合计		—	—	—	—	40 078 920
辅助材料	防腐剂（桶）辅助车间	15	15	12	40	1 680

负责人： 王梅　　　　经手人： 孙亮

第二节 工资与社会保险费用的计算与分配

一、具体要求与指导

（1）根据已给出的“工资结算汇总表”编制“工资费用分配表”“工会经费计提表”“职工教育经费计提表”和“三险一金计算单”。

（2）根据以上各表编制分配并结转工薪费用的记账凭证。

（3）根据记账凭证登记生产成本、制造费用、销售费用、管理费用明细账。

（4）对应付职工薪酬明细账进行结账。

二、会计交易或事项（原始凭证）

业务 11-41-1

海河钢管制造有限责任公司

工 资 结 算 汇 总 表

20×× 年 11 月 30 日

单位：元

车间、部门		应发工资								代扣款项						实发金额
		岗位工资	综合奖金	各种津贴			缺勤扣款		合计	养老保险	医疗保险	失业保险	住房公积金	个人所得税	小计	
				岗位津贴	回民津贴	夜班津贴	病假	事假								
基本生产车间	生产工人	1 620 780	247 884	23 100	600	16 736	1 100	1 200	1 906 800	152 544	38 136	19 068	190 680	43 667	444 095	1 462 705
	管理工人	56 525	9 310		150	800	135	150	66 500	5 320	1 330	665	6 650	1 523	15 488	51 012
辅助生产车间	生产工人	26 180	4 004	500		400	140	144	30 800	2 464	616	308	3 080	706	7 174	23 626
	管理工人	8 925	1 575						10 500	840	210	105	1 050	241	2 446	8 054
企业管理部门		290 063	47 775		280	3 900	410	358	341 250	27 772	6 968	3 484	34 840	7 713	80 777	260 473
医务及福利部门		7 438	1 225			87			8 750	900	200	100	1 000	300	2 500	6 250
合计		2 009 911	311 773	23 600	1 030	21 923	1 785	1 852	2 364 600	189 840	47 460	23 730	237 300	54 150	552 480	1 812 120

复核人：王梅　　　　制表人：孙亮

业务 41

期末根据工资结算单，进行工资费用分配。本月应付工资总额 2 364 600 元。

原始凭证：①工资结算单；②基本生产车间工资成本分配表。

提示：基本生产车间工资成本在 200# 地质井管、150# 地质井管和 240# 地热管之间分配，分配比例按本月投产吨位比例 4：4：2 计算。（注：医务人员工资计入管理费用）

借：生产成本——基本生产成本——地质井管 200#
——地质井管 150#
——地热管 240#
——辅助生产成本
制造费用——基本生产车间
——辅助生产车间
管理费用——工资
贷：应付职工薪酬——工资

转账凭证，附件 2 张

业务 11-41-2

工资费用分配表

20×× 年 11 月 30 日　　　　单位：元

部门 \ 项目		工资费用	分配率	分配金额
基本生产车间	地质井管 200#	—	0.4	762 720
	地质井管 150#	—	0.4	762 720
	地热管 240#	—	0.2	381 360
小计		1 906 800	—	1 906 800
车间管理人员		66 500	—	66 500
辅助生产车间		30 800	—	30 800
辅助车间管理人员		10 500	—	10 500
厂部管理人员		341 250	—	341 250
医务、福利部门		8 750	—	8 750
合计		2 364 600	—	2 364 600

复核人：王梅　　　　制表人：孙亮

业务 11-42

工会经费和职工教育经费分配表

20×× 年 11 月 30 日　　　　单位：元

部　门 \ 项　目		工会经费和职工教育经费	分配率	分配金额
基本生产车间	地质井管 200#		0.4	26 695.20
	地质井管 150#		0.4	26 695.20
	地热管 240#		0.2	13 347.60
小计		66 738		66 738
辅助生产车间人员		1 078		1 078
车间管理人员		2 327.50		2 327.50
辅助车间管理人员		367.50		367.50
厂部管理人员工会经费		7 000		7 000
厂部管理人员职工教育经费经费		5 250		5 250
合计		82 761		82 761

复核人：王梅　　　　制表人：孙亮

业务 42

期末按本月应付工资总额 2% 提取工会经费；按本月应付工资总额 1.5% 提取职工教育经费。工会经费 47 292 元，职工教育经费 35 469 元。

原始凭证：工会经费和职工教育经费分配表。

提示：本月应付工资总额 2 364 600 元。

借：生产成本——基本生产成本——地质井管 200#

——地质井管 150#

——地热管 180#

——辅助生产成本

制造费用——基本生产车间

——辅助生产车间

管理费用——工会经费

——教育经费

贷：应付职工薪酬——工会经费

——教育经费

转账凭证；附件 1 张

业务 11-43

个人负担三险一金计算表

20×× 年 11 月 30 日　　单位：元

部门 \ 项目		工资总额（上年月平均）	养老保险 8%	医疗保险 2%	失业保险 1%	住房公积 10%	个人所得税	小计
基本生产车间	生产工人	1 906 800	152 544	38 136	19 068	190 680	43 667	444 095
	管理人员	66 500	5 320	1 330	665	6 650	1 523	15 488
辅助生产车间	生产工人	30 800	2 464	616	308	3 080	706	7 174
	管理人员	10 500	840	210	105	1 050	241	2 446
管理部门		358 400	28 672	7 168	3 584	35 840	8 013	83 277
小计		2 373 000	189 840	47 460	23 730	237 300	54 150	552 480

复核人：王梅　　制表人：孙亮

业务 11-44-1

企业负担三险一金计算表

20×× 年 11 月 30 日　　单位：元

部门 \ 项目		工资总额（上年月平均）	养老保险 20%	医疗保险 10%	失业保险 2%	住房公积金 10%	小计
基本生产车间	生产工人	1 906 800	381 360	190 680	38 136	190 680	800 856
	管理人员	66 500	13 300	6 650	1 330	6 650	27 930
辅助生产车间	生产工人	30 800	6 160	3 080	616	3 080	12 936
	管理人员	10 500	2 100	1 050	210	1 050	4 410
管理部门		358 400	71 680	35 840	7 168	35 840	150 528
合计		2 373 000	474 600	237 300	47 460	237 300	996 660

复核人：王梅　　制表人：孙亮

业务 11-44-2

三险一金分配附表

20×× 年 11 月 30 日　　单位：元

分配项目		投产量	分配率	分配金额
基本车间	地质井管 200#	3 360	0.40	320 342.4
	地质井管 150#	3 360	0.40	320 342.4
	地热管 240#	1 680	0.20	160 171.2
合计		8 400	—	800 856

复核人：王梅　　制表人：孙亮

业务 43

结转本月职工个人应负担的养老保险、医疗保险、失业保险、住房公积金以及个人负担的所得税。三险一金个人负担比率分别为上年月平均应付工资总额的 8%、2%、1% 和 10%。

原始凭证：三险一金计算单。

提示：上年月平均应付工资为 2 373 000 元。

借：应付职工薪酬——工资

贷：应付职工薪酬——养老保险

——医疗保险

——失业保险

——住房公积金

应交税费——应交个人所得税

转账凭证，附件 1 张

业务 44

结转本月企业负担的职工养老保险、医疗保险、失业保险、住房公积金，三险一金企业负担比率分别为上年月平均应付工资的 20%、10%、2%、10%。

原始凭证：三险一金计算单。

提示：上年月平均应付工资为 2 373 000 元。

借：生产成本——基本生产成本——地质井管 200#

——地质井管 150#

——地热管 240#

——辅助生产成本

制造费用——基本生产车间

——辅助生产车间

管理费用——三险一金

贷：应付职工薪酬——养老保险

——医疗保险

——失业保险

——住房公积金

转账凭证，附件 2 张

第三节　折旧与摊销费用的计算与分配

一、具体要求与指导

1. 根据月初固定资产和无形资产的原值计算并编制“固定资产折旧计算表”和“无形资产费用摊销表”；

2. 根据以上各表编制记账凭证；

3. 根据记账凭证登记制造费用明细账、管理费用明细账和销售费用明细账。

二、会计交易或事项（原始凭证）

业务 11–45

固定资产折旧计算表

20×× 年 11 月 30 日　　　　单位：元

使用部门及固定资产类别		月初应计提固定资产的原值	折旧	
			月折旧率	月折旧额
生产车间	房屋	45 000 000	0.25%	112 500
	机械设备	279 000 000	0.8%	2 232 000
	小计	324 000 000	—	2 344 500
辅助车间	房屋	3 000 000	0.25%	7 500
	机械设备	9 000 000	0.8%	72 000
	小计	12 000 000	—	79 500
管理部门	房屋	12 000 000	0.25%	30 000
	办公设备	4 800 000	1.6%	76 800
	运输设备	4 800 000	1.8%	86 400
	小计	21 600 000	—	193 200
总计		357 600 000	—	2 617 200

财务负责人：王梅　　　　制表人：孙亮

业务 11–46

无形资产费用摊销表

20×× 年 11 月 30 日　　　　单位：元

费用项目	应摊总费用	摊销期	本期摊销额	累计摊销额	摊余金额	备注
管理用软件	5 760 000	8 年	60 000	1 020 000	4 740 000	

业务 45

计提本月固定资产折旧。

原始凭证：固定资产折旧计算单。

提示：房屋及建筑物按 32 年计提折旧，生产设备按 10 年计提折旧，管理用设备按 5 年计提折旧，运输车辆按工作量法计提折旧。各类固定资产预计净残值率均为 4%。

借：制造费用——基本生产车间

——辅助生产成本

管理费用——折旧费

贷：累计折旧　　转账凭证，附件 1 张

业务 46

管理用软件费摊销。企业原以 576 万元购入管理用软件一套，分 8 年摊销。

原始凭证：无形资产摊销计算单。

借：管理费用——无形资产摊销

贷：累计摊销　　转账凭证，附件 1 张

第四节 水、电费用的计算与分配

一、具体要求与指导

（1）根据各部门用水量和用电量编制“水费计算分配表”和“电费计算分配表”。

（2）根据以上各表编制记账凭证。

（3）根据记账凭证登记制造费用明细账和管理费用明细账。

二、会计交易或事项（原始凭证）

业务 11-47-1

同城特约委托收款凭证（付款通知） 4 委托号码： 第 11 号

委托日期 20×× 年 11 月 30 日 凭证号码：65987412

<table>
<tr><td rowspan="3">付款人</td><td>全称</td><td colspan="2">海河钢管制造有限责任公司</td><td rowspan="3">收款人</td><td>全称</td><td colspan="11">海河市自来水公司</td></tr>
<tr><td>账号或地址</td><td colspan="2">海河市五大道 107 号
3061234567890000006</td><td>账号</td><td colspan="11">海河市河西区光明路 18 号
306405987654321</td></tr>
<tr><td>开户银行</td><td colspan="2">30612</td><td>开户银行</td><td colspan="11">30640</td></tr>
<tr><td rowspan="2">委收金额</td><td rowspan="2">人民币（大写）</td><td colspan="4" rowspan="2">柒万捌仟柒佰玖拾伍元整</td><td></td><td>千</td><td>百</td><td>十</td><td>万</td><td>千</td><td>百</td><td>十</td><td>元</td><td>角</td><td>分</td></tr>
<tr><td></td><td></td><td></td><td>¥</td><td>7</td><td>8</td><td>7</td><td>9</td><td>5</td><td>0</td><td>0</td></tr>
<tr><td>款项内容</td><td>水费</td><td>合同号码</td><td colspan="3"></td><td>附寄单证张数</td><td colspan="10">1 张</td></tr>
<tr><td colspan="6">备注：
（印章：中国工商银行海苑支行 20××.11.30 转讫）</td><td colspan="11">付款人注意：
1、公用事业收款人与你方签订合同后方能办理。
2、如无合同，可备函说明情况，一个月内向收款单位办理同城特约委托收款，将原款返回。</td></tr>
</table>

此联收款开户行给付款人的回单

单位主管：张宜 会计：马亭 复核：武妍 记账：何里

业务 47

30 日，银行转来自来水公司委托收款通知单，价税合计 78 795 元。企业共计耗水 15 300 吨，单价 5 元。其中：基本生产车间用水 8 400 吨，辅助生产车间用水 6 300 吨，管理部门用水 600 吨，增值税率 3%。

原始凭证：①委托收款通知单；②增值税专用发票；③自来水费用分配表。

提示：基本生产车间用水计入基本车间制造费用，辅助生产车间用水计入辅助生产成本。根据财政部和国家税务总局《关于简并增值税征收率政策的通知（财税〔2014〕57 号文）》精神，从 2014 年 7 月 1 日起自来水增值税征收率由原 6% 调整为 3%。

借：制造费用——基本生产车间

生产成本——辅助生产成本

管理费用——其他

应交税费——应交增值税（进项税额）

贷：银行存款——工商银行海苑支行　　付款凭证，附件 3 张

业务 11-47-2

海河市增值税专用发票

发票联

No.0828319

开票日期：20×× 年 11 月 30 日

<table>
<tr><td rowspan="4">购货单位</td><td colspan="5">名　　称：海河钢管制造有限责任公司</td><td rowspan="4">密码区</td><td colspan="2" rowspan="4">（略）</td></tr>
<tr><td colspan="5">纳税人识别号：120000123456789</td></tr>
<tr><td colspan="5">地 址 、电 话：海河市五大道 107 号　022-20060066</td></tr>
<tr><td colspan="5">开户行及账号：工商银行海苑支行　3061234567890000006</td></tr>
<tr><td colspan="2">货物或应税劳务名称</td><td>规格型号</td><td>单 位</td><td>数 量</td><td>单 价</td><td>金 额</td><td>税率</td><td>税 额</td></tr>
<tr><td colspan="2">水</td><td></td><td>吨</td><td>15 300</td><td>5.00</td><td>76 500.00</td><td>3%</td><td>2 295.00</td></tr>
<tr><td colspan="2">合　　计</td><td></td><td></td><td></td><td></td><td></td><td></td><td></td></tr>
<tr><td colspan="2">价税合计（大写）</td><td colspan="7">柒万捌仟柒佰玖拾伍元整　　（小写）¥78 795.00</td></tr>
<tr><td rowspan="4">销货单位</td><td colspan="5">名　　称：海河市自来水公司</td><td rowspan="4">备注</td><td colspan="2" rowspan="4">海河市自来水公司 120000123679999 发票专用章</td></tr>
<tr><td colspan="5">纳税人识别号：120000123679999</td></tr>
<tr><td colspan="5">地 址 、电 话：海河市河西区光明路 18 号</td></tr>
<tr><td colspan="5">开户行及账号：工商银行光明支行　306405987654321</td></tr>
</table>

第二联　发票联　购货方记账凭证

收款人：冯明　　复核：刘瑞　　开票人：王昆　　销货单位：

业务 11-47-3

水费计算分配表

20×× 年 11 月 30 日

项目 / 部门	用水量（吨）	单价	分配金额（元）
基本生产车间	8 400	5	42 000
辅助生产车间	6 300	5	31 500
管理部门	600	5	3 000
合计	15 300	5	76 500

复核人：王梅　　制表人：孙亮

业务 11-48-1

同城特约委托收款 凭证（付款通知） **4** 委托号码： 第 22 号

委托日期 20×× 年 11 月 30 日 凭证号码：65989876

付款人	全 称	海河钢管制造有限责任公司	收款人	全 称	海河市供电公司
	账号或地址	海河市五大道 107 号 3061234567890000006		账 号	海河市河西区永安路 38 号 3064005546897123
	开户银行	30612		开户银行	30885

委收金额	人民币（大写）：伍佰陆拾柒万零肆佰零伍元整	千	百	十	万	千	百	十	元	角	分
		¥	5	6	7	0	4	0	5	0	0

款项内容	电费	合同号码		附寄单证张数	1 张
备 注：	[印章：中国工商银行海苑支行 20××.11.30 转讫]		付款人注意： 1、公用事业收款人与你方签订合同后方能办理。 2、如无合同，可备函说明情况，一个月内向收款单位办理同城特约委托收款，将原款返回。		

此联银行收款后退回单位的支款通知

单位主管：张宜 会计：马亭 复合：武妍 记账：于灵

业务 11-48-2

海河市增值税专用发票

发票联

[印章：全国统一发票监制章 海河市 国家税务局监制]

No.0828697

开票日期：20×× 年 11 月 30 日

购货单位	名 称：海河钢管制造有限责任公司 纳税人识别号：120000123456789 地 址 、电 话：海河市五大道 107 号 022-20060066 开户行及账号：工商银行海苑支行 3061234567890000006	密码区	（略）

货物或应税劳务名称	规格型号	单 位	数 量	单 价	金 额	税率	税 额
电		度	3 231 000	1.50	4 846 500.00	17%	823 905.00
合 计							
价税合计（大写）	伍佰陆拾柒万零肆佰零伍元整				（小写）¥5 670 405.00		

销货单位	名 称：海河市供电公司 纳税人识别号：120000123665412 地 址 、电 话：海河市河西区永安路 38 号 开户行及账号：工商银行永安支行 306405546897123	备注	[印章：海河市供电公司 120000123665412 发票专用章]

第二联 发票联 购货方记账凭证

收款人：朱全 复核：杭方 开票人：金伟 销货单位：

业务 48

30 日，银行转来供电公司委托收款通知单，价税合计 5 670 405 元。企业共计耗电 3 231 000 度，单价 1.5 元。其中：基本生产车间生产用电 3 192 000 度，车间日常用电 16 110 度；辅助生产车间生产用电 15 000 度；管理部门用电 7 890 度。增值税率 17%。

原始凭证：①委托收款通知单；②增值税专用发票；③电费分配表。

提示：基本生产车间生产用电在 200# 地质井管、150# 地质井管和 240# 地热管之间分配，分配比例按本月投产吨位比例 4∶4∶2 计算。

借：生产成本——基本生产成本——地质井管 200#

——地质井管 150#

——地热管 240#

——辅助生产成本

制造费用——基本生产车间

管理费用——其他

应交税费——应交增值税（进项税额）

贷：银行存款——工商银行海苑支行　　付款凭证，附件 3 张

业务 11-48-3

电费计算分配表

20××年11月30日

部门＼项目		用电量（度）	分配率	分配金额（元）
基本生产车间生产用电	200#	1 276 800	0.4	1 915 200
	150#	1 276 800	0.4	1 915 200
	240#	638 400	0.2	957 600
小计		3 192 000	—	4 788 000
基本车间照明用电		16 110	—	24 165
辅助生产车间用电		15 000	—	22 500
管理部门用电		7 890	—	11 835
合计		3 231 000	—	4 846 500

复核人：王梅　　　　制表人：孙亮

第五节　制造费用的计算与分配

一、具体要求与指导

（1）根据制造费用明细账的借方发生额，按照本月各产品投产比例，分配计算制造费用，并编制“制造费用分配表”。

（2）根据“制造费用分配表”编制记账凭证，并根据记账凭证登记有关明细账。

二、会计交易或事项（原始凭证）

业务 11-49 凭证略

业务 49

结转辅助车间制造费用 98 587.5 元。

原始凭证：略。

借：生产成本——辅助生产成本

　贷：制造费用——辅助生产车间　　　　转账凭证；附件 0 张

业务 11-50

制造费用分配表

20×× 年 11 月 30 日

项目		投产量	分配率	分配金额（元）
基本生产	地质井管 200#	3 360	0.4	1 094 855.78
	地质井管 150#	3 360	0.4	1 094 855.78
	地热管 240#	1 680	0.2	547 427.88
合计		8 400	—	2 737 139.44

复核人：王梅　　　　　　　　制表人：孙亮

第六节　生产成本的计算与结转

一、具体要求与指导

（1）根据各部门本月消耗热能量分配辅助车间生产成本，并编制“辅助成本分配表”；根据生产成本明细账和“成品入库单”编制“生产成本计算单”，其中，月末在产品成本采用“约当产量法”计算并直接给出。

（2）根据“辅助成本分配表”和“生产成本计算单”编制记账凭证，并根据记账凭证登记有关明细账。

（3）对制造费用和生产成本明细账进行结账。

二、会计交易或事项（原始凭证）

业务 11-51-1

辅助成本分配表

20×× 年 11 月 30 日

项目	热能量（平方米）	分配率	分配金额（元）
基本生产车间	13 500	0.225	44 793.34
管理部门	16 500	0.275	54 747.41
对外销售	30 000	0.5	99 540.75
合计	60 000	—	199 081.50

复核人：王梅　　　　　　　　制表人：孙亮

业务 50

计算并结转基本生产车间制造费用。基本生产车间本月共计发生制造费用 2 737 139.44 元。按照本月投产比例进行制造费用分配。

原始凭证：基本生产车间制造费用分配表。

提示：制造费用在不同产品成本之间按本月投产比例 4 : 4 : 2 进行分配。

借：生产成本——基本生产成本——地质井管 200#

——地质井管 150#

——地热管 240#

贷：制造费用——基本生产车间　　转账凭证，附件 1 张

（注：应先将业务 51 辅助车间生产成本结转到制造费用，再完成该业务中制造费用的结转）

业务 51

结转辅助生产成本。本月提供热能共计 60 000 平方米。其中：基本生产车间 13 500 平方米，管理部门 16 500 平方米，出售给海湾公司 30 000 平方米，售价 18 元 / 平方米，税率 13%，款未收。辅助成本分配后，期末无余额。辅助生产成本总计 199 081.5 元。

原始凭证：①辅助车间成本分配计算表；②增值税专用发票。

借：制造费用——基本生产车间

管理费用——其他

其他业务成本

贷：生产成本——辅助生产成本　　转账凭证，附件 1 张

借：应收账款——海湾公司

贷：其他业务收入

应交税费——应交增值税（销项税额）　　转账凭证，附件 1 张

业务 11-51-2

海河市增值税专用发票

No.0983267

记账联

此联不作报效、扣款凭证使用　　开票日期：20×× 年 11 月 30 日

购货单位	名　称：海河市海湾公司 纳税人识别号：120456123456406 地 址 、电 话：海河市海湾路 56 号　24581368 开户行及账号：工商银行海湾支行　406805654321414				密码区	（略）	
货物或应税劳务名称	规格型号	单 位	数 量	单 价	金 额	税率	税 额
热能		平方米	30 000	18.00	540 000.00	13%	70 200.00
合　计							
价税合计（大写）	陆拾壹万零贰佰元整				（小写）¥610 200.00		
销货单位	名　称：海河钢管制造有限责任公司 纳税人识别号：120000123456789 地 址 、电 话：海河市五大道 107 号　022-20060066 开户行及账号：工商银行海苑支行　3061234567890000006				备注		

收款人：丁茜　　复核：王梅　　开票人：何杰　　销货单位：

第四联　记账联　销货方记账凭证

货款未付

业务 11-52-1

生产成本计算单

产品名称：地质井管 200#　　20×× 年 11 月 30 日　　单位：元

	直接材料	燃料、动力	直接人工	制造费用	合计
期初余额	1 079 136.00	123 120.00	34 155.00	47 817.00	1 284 228.00
本月发生	16 941 120.00	1 915 200.00	1 083 062.40	1 094 855.78	21 034 238.18
合计	18 020 256.00	2 038 320.00	1 117 217.40	1 142 672.78	22 318 466.18
完工入库	16 890 151.20	1 910 491.00	1 040 004.30	1 070 228.40	20 910 874.90
期末余额	1 130 104.80	127 829.00	77 213.10	72 444.38	1 407 591.28

复核人：王梅　　制表人：孙亮

业务 52

计算并结转完工产品成本。本月完工入库 200# 地质井管 3 300 吨，完工入库 150# 地质井管 3 420 吨，完工入库 240# 地热管 1 740 吨。期末在产品完工率 80%。

原始凭证：产品成本计算单。

提示：企业完工产品成本和期末在产品成本的分配，采用约当产量法（此知识点在中级财务实验中讲解）。

借：库存商品——地质井管 200#

——地质井管 150#

——地热管 240#

贷：生产成本——基本生产成本——地质井管 200#

——地质井管 150#

——地热管 240#

转账凭证，附件 3 张

业务 11–52–2

生产成本计算单

产品名称：地质井管 150#　　　　20×× 年 11 月 30 日　　　　单位：元

	直接材料	燃料、动力	直接人工	制造费用	合计
期初余额	1 333 560.00	162 000.00	42 487.50	59 482.50	1 597 530.00
本月发生	15 328 320.00	1 915 200.00	1 083 062.40	1 094 855.78	19 421 438.18
合计	16 661 880.00	2 077 200.00	1 125 549.90	1 154 338.28	21 018 968.18
完工入库	15 776 198.40	1 966 784.00	1 058 499.00	1 092 186.12	19 893 617.52
期末余额	885 681.60	110 416.00	67 100.90	62 152.16	1 125 350.66

复核人：王梅　　　　制表人：孙亮

业务 11–52–3

生产成本计算单

产品名称：地热管 240#　　　　20×× 年 11 月 30 日　　　　单位：元

	直接材料	燃料、动力	直接人工	制造费用	合计
期初余额	832 845.60	97 200.00	26 421.75	36 990.45	993 457.80
本月发生	7 809 480.00	957 600.00	541 531.20	547 427.88	9 856 039.08
合计	8 642 325.60	1 054 800.00	567 952.95	584 418.33	10 849 496.88
完工入库	8 190 439.20	999 646.00	532 943.00	553 457.00	10 276 485.20
期末余额	451 886.40	55 154.00	35 009.95	30 5961.33	573 011.68

复核人：王梅　　　　制表人：孙亮

第五章　企业月末会计计算与结转

第一节　销售成本的计算与结转

一、具体要求与指导

（1）根据库存商品明细账的期初结存（数量、金额）、本期收入（数量、金额）和“产品出库单”计算编制“发出商品成本计算表”。

（2）根据“发出商品成本计算表”编制记账凭证。

（3）根据记账凭证登记主营业务成本明细账和库存商品明细账。

（4）对库存商品明细账进行结账。

二、会计交易或事项（原始凭证）

业务 11-53-1

库存商品加权平均单位成本计算表

20×× 年 11 月 30 日　　　　　　单位：元

产品名称	期初结存		本期入库		加权平均单位成本
	数量	金额	数量	金额	
地质井管 200#	1 200	7 590 000	3 300	20 910 874.9	6 333.53
地质井管 150#	600	3 399 000	3 420	19 893 617.52	5 794.18
地热管 240#	1 800	10 568 700	1 740	10 276 485.2	5 888.47
地热管 180#	3 840	22 085 760	—	—	5 751.5
合计	7 440	43 643 460	8 460	51 080 977.62	—

复核人：王梅　　　　　　制单人：孙亮

业务 53

计算并结转本期主营业务成本。200# 地质井管单位销售成本 6 333.53 元；150# 地质井管单位销售成本 5 794.18 元；240# 地热管单位销售成本 5 888.47 元；180# 地热管单位销售成本 5 751.5 元。分别售出 3 600 吨、2 400 吨、1 680 吨、600 吨。

原始凭证：发出商品成本计算单。

提示：企业发出商品成本采用加权平均法计算。

借：主营业务成本——地质井管 200#
——地质井管 150#
——地热管 240#
——地热管 180#
贷：库存商品——地质井管 200#
——地质井管 150#
——地热管 240#
——地热管 180#

转账凭证，附件 2 张

业务 11-53-2

主营业务成本计算表

20×× 年 11 月 30 日　　单位：元

产品名称	本期销售			
	计量单位	数量	加权平均单位成本	总成本
地质井管 200#	吨	3 600	6 333.53	22 800 699.92
地质井管 150#	吨	2 400	5 794.18	13 906 040.31
地热管 240#	吨	1 680	5 888.47	9 892 630.26
地热管 180#	吨	600	5 751.5	3 450 900
合计	—	8 280	—	50 050 270.49

复核人：王梅　　制单人：孙亮

第二节　有关税费的计算与结转

一、具体要求与指导

（1）根据应交税费——应交增值税明细账的有关专栏，计算并填列“应纳及未交增值税计算表”，同时根据“应纳及未交增值税计算表”编制结转“转出未交增值税”的记账凭证。

（2）根据本月应纳增值税计算本月应纳城市维护建设税和教育费附加，编制“应纳城建税和教育费附加计算表”。

（3）根据“应纳城建税和教育费附加计算表”编制有关税费结转的记账凭证。

（4）根据记账凭证登记相关的应交税费明细账，并进行结账。

二、会计交易或事项（原始凭证）

业务 11-54-1

当期应纳及未交增值税计算表

20×× 年 11 月 30 日　　单位：元

项目	当期销项税额	当期进项税额	当期应纳增值税额	已交增值税	转出未交增值税
金额					

复核人：王梅　　制单人：孙亮

业务 54

计算并结转本月营业税金及附加。本企业城建税率为 7%，教育费附加费率 3%。结转应交未交增值税。

原始凭证：略。

借：营业税金及附加

贷：应交税费——应交城建税

——应交教育费附加　　　　转账凭证，附件 1 张

借：应交税费——应交增值税

贷：应交税费——未交增值税　　　　转账凭证，附件 1 张

业务 11-54-2

应纳城建税和教育费附加计算表

20×× 年 11 月 30 日　　　　单位：元

项目	计税依据	税率	应纳税额
城市维护建设税			
教育费附加			
合计	—	—	

复核人：王梅　　　　制单人：孙亮

第三节　收入、费用的结转及本年利润的计算

一、具体要求与指导

（1）根据收入类账户和费用类账户所属明细账的本期发生额，填列“收入、费用结转及本年利润结算表”。

（2）根据“收入、费用结转及本年利润结算表”编制收入、费用类账户的结转凭证。

（3）根据记账凭证，登记有关收入类和费用类账户所属明细账并进行结账。

（4）登记本年利润明细账。

二、会计交易或事项（原始凭证）

业务 11-55

收入、费用结转及本年利润计算表

20×× 年 11 月 30 日　　　　单位：元

收入类账户	结转前贷方余额	费用类账户	结转前借方余额
主营业务收入		主营业务成本	
其他业务收入		其他业务成本	
		营业税金及附加	
		销售费用	
		管理费用	
合计		合计	
利润总额 =			

复核人：王梅　　　　制单人：孙亮

业务 55

计算并结转本月收入及收益，计算并结转本月成本及费用。

原始凭证：略。

借：主营业务收入

　　其他业务收入

　贷：本年利润　　　　转账凭证，附件 1 张

借：本年利润

　贷：主营业务成本

　　　其他业务成本

　　　营业税金及附加

　　　管理费用

　　　销售费用　　　　转账凭证，附件 1 张同上

第四节　所得税费用的计算与结转

一、具体要求与指导

（1）根据上述所填列的“收入、费用结转及本年利润结算表”和所得税率计算并填列“预计应交所得税及所得税费用计算表”；同时，根据“预计应交所得税及所得税费用计算表”编制预计应交所得税和所得税费用的记账凭证，以及结转所得税费用至“本年利润”账户借方的记账凭证。

（2）根据记账凭证登记“应交税费——应交所得税”明细账；同时，对“应交税费——应交所得税”明细账进行结账。

二、会计交易或事项（原始凭证）

业务 56

预计应交所得税及所得税费用计算表

20×× 年 11 月 30 日　　　　单位：元

收入总额	费用总额	利润总额	所得税税率	预计应交所得税

复核人：王梅　　　　制单人：孙亮

业务 56

计算并结转本月应交所得税费用。

借：所得税费用

贷：应交税费——应交所得税　　　　转账凭证，附件 1 张

借：本年利润

贷：所得税费用　　　　转账凭证，附件 0 张

第六章　会计报表的编制

第一节　科目汇总表的编制

（1）根据所有总账的记录编制总分类账户“科目汇总表”。

（2）在科目汇总表的基础上对所有总分类账户进行划线结账。

科目汇总表

编制单位：　　　　　　　　　　　　年　　月　　日　　　　　　　　　　　单位：元

科目名称	借方金额	贷方金额
合计		

制表人：

第二节　资产负债表的编制

根据第三章企业 11 月初账户余额资料期初余额一栏填列“资产负债表”的年初余额一栏；根据“科目汇总表”的借方贷方汇总数据，结合有关明细账的期初余额，填列“资产负债表”的期末余额一栏。

资产负债表

会企 01 表

编制单位：　　　　　　　　　　　　年　　月　　日　　　　　　　　　　　　单位：元

资产	行次	期末余额	年初余额	负债和所有者权益（或股东权益）	行次	期末余额	年初余额
流动资产：	1			流动负债：	35		
货币资金	2			短期借款	36		
交易性金融资产	3			交易性金融负债	37		
应收票据	4			应付票据	38		
应收账款	5			应付账款	39		
预付款项	6			预收账款	40		
应收利息	7			应付职工薪酬	41		
应收股利	8			应交税费	42		
其他应收款	9			应付利息	43		
存货	10			应付股利	44		
其中：消耗性生物资产	11			其他应付款	45		
一年内到期的非流动资产	12			预计负债	46		
其他流动资产	13			一年内到期的非流动负债	47		
流动资产合计	14			其他流动负债	48		
非流动资产：	15			流动负债合计	49		
可供出售金融资产	16			非流动负债：	50		
持有至到期投资	17			长期借款	51		
长期应收款	18			应付债券	52		
长期股权投资	19			长期应付款	53		
投资性房地产	20			专项应付款	54		
固定资产	21			递延所得税负债	55		
在建工程	22			其他非流动负债	56		
工程物资	23			非流动负债合计	57		
固定资产清理	24			负债合计	58		
生产性生物资产	25			所有者权益（或股东权益）：	59		
油气资产	26			实收资本（或股本）	60		
无形资产	27			资本公积	61		
开发支出	28			盈余公积	62		
商誉	29			未分配利润	63		
长摊待摊费用	30			减：库存股	64		
递延所得税资产	31			所有者权益（或股东权益）合计	65		
其他非流动资产	32				66		
非流动资产合计	33				67		
资产总计	34			负债和所有者（或股东权益）合计	68		

制表人：

第三节　利润表的编制

根据第三章企业 11 月初账户余额资料期初余额一栏填列“利润表”的上期累计数一栏；根据“科目汇总表”的借方贷方汇总数据，结合有关明细账的发生额，填列“利润表”的本期余额一栏。

利润表

会企 02 表

编制单位：　　　　　　　　　年　　月　　　　　　　　单位：元

项 目	行次	本期金额	本年累计
一、营业收入			
减：营业成本			
营业税金及附加			
销售费用			
管理费用			
财务费用			
资产减值损失			
加：公允价值变动收益（损失以“-”号填列）			
投资收益（损失以“-”号填列）			
其中：对联营企业和合营企业的投资收益			
二、营业利润（亏损以“-”号填列）			
加：营业外收入			
减：营业外支出			
其中：非流动资产处置损失			
三、利润总额（亏损总额以“-”号填列）			
减：所得税费用			
四、净利润（净亏损以“-”号填列）			
五、每股收益：			
（一）基本每股收益			
（二）稀释每股收益			

制表人：

附　录

附录 1　企业会计准则应用指南——会计科目一览表

顺序号	编号	会计科目名称	会计科目适用范围说明
一、资产类			
1	1001	库存现金	
2	1002	银行存款	
3	1003	存放中央银行款项	银行专用
4	1011	存放同业	银行专用
5	1012	其他货币资金	
6	1021	结算备付金	证券专用
7	1031	存出保证金	金融共用
8	1101	交易性金融资产	
9	1111	买入返售金融资产	金融共用
10	1121	应收票据	
11	1122	应收账款	
12	1123	预付账款	
13	1131	应收股利	
14	1132	应收利息	
15	1201	应收代位追偿款	保险专用
16	1211	应收分保账款	保险专用
17	1212	应收分保合同准备金	保险专用
18	1221	其他应收款	
19	1231	坏账准备	
20	1301	贴现资产	银行专用
21	1302	拆出资金	金融共用
22	1303	贷款	银行和保险共用
23	1304	贷款损失准备	银行和保险共用
24	1311	代理兑付证券	银行和证券共用
25	1321	代理业务资产	
26	1401	材料采购	
27	1402	在途物资	
28	1403	原材料	
29	1404	材料成本差异	
30	1405	库存商品	
31	1406	发出商品	
32	1407	商品进销差价	
33	1408	委托加工物资	
34	1411	周转材料	

顺序号	编号	会计科目名称	会计科目适用范围说明
35	1421	消耗性生物资产	农业专用
36	1431	贵金属	银行专用
37	1441	抵债资产	金融共用
38	1451	损余物资	保险专用
39	1461	融资租赁资产	租赁专用
40	1471	存货跌价准备	
41	1501	持有至到期投资	
42	1502	持有至到期投资减值准备	
43	1503	可供出售金融资产	
44	1511	长期股权投资	
45	1512	长期股权投资减值准备	
46	1521	投资性房地产	
47	1531	长期应收款	
48	1532	未实现融资收益	
49	1541	存出资本保证金	保险专用
50	1601	固定资产	
51	1602	累计折旧	
52	1603	固定资产减值准备	
53	1604	在建工程	
54	1605	工程物资	
55	1606	固定资产清理	
56	1611	未担保余值	租赁专用
57	1621	生产性生物资产	农业专用
58	1622	生产性生物资产累计折旧	农业专用
59	1623	公益性生物资产	农业专用
60	1631	油气资产	石油天然气开采专用
61	1632	累计折耗	石油天然气开采专用
62	1701	无形资产	
63	1702	累计摊销	
64	1703	无形资产减值准备	
65	1711	商誉	
66	1801	长期待摊费用	
67	1811	递延所得税资产	
68	1821	独立账户资产	
69	1901	待处理财产损溢	
二、负债类			
70	2001	短期借款	
71	2002	存入保证金	金融共用
72	2003	拆入资金	金融共用
73	2004	向中央银行借款	银行专用
74	2011	吸收存款	银行专用
75	2012	同业存放	银行专用
76	2021	贴现负债	银行专用
77	2101	交易性金融负债	
78	2111	卖出回购金融资产款	金融共用

顺序号	编号	会计科目名称	会计科目适用范围说明
79	2201	应付票据	
80	2202	应付账款	
81	2203	预收账款	
82	2211	应付职工薪酬	
83	2221	应交税费	
84	2231	应付利息	
85	2232	应付股利	
86	2241	其他应付款	
87	2251	应付保单红利	保险专用
88	2261	应付分保账款	保险专用
89	2311	代理买卖证券款	证券专用
90	2312	代理承销证券款	证券和银行共用
91	2313	代理兑付证券款	证券和银行共用
92	2314	代理业务负债	
93	2401	递延收益	
94	2501	长期借款	
95	2502	应付债券	
96	2601	未到期责任准备金	保险专用
97	2602	保险责任准备金	保险专用
98	2611	保户储金	保险专用
99	2621	独立账户负债	保险专用
100	2701	长期应付款	
101	2702	未确认融资费用	
102	2711	专项应付款	
103	2801	预计负债	
104	2901	递延所得税负债	
		三、共同类	
105	3001	清算资金往来	银行专用
106	3002	货币兑换	
107	3101	衍生工具	
108	3201	套期工具	
109	3202	被套期项目	
		四、所有者权益类	
110	4001	实收资本	
111	4002	资本公积	
112	4101	盈余公积	
113	4102	一般风险准备	金融共用
114	4103	本年利润	
115	4104	利润分配	
116	4201	库存股	
		五、成本类	
117	5001	生产成本	
118	5101	制造费用	
119	5201	劳务成本	
120	5301	研发支出	

顺序号	编号	会计科目名称	会计科目适用范围说明
121	5401	工程施工	建造承包商专用
122	5402	工程结算	建造承包商专用
123	5403	机械作业	建造承包商专用
六、损益类			
124	6001	主营业务收入	
125	6011	利息收入	金融共用
126	6021	手续费及佣金收入	金融共用
127	6031	保费收入	保险专用
128	6041	租赁收入	租赁专用
129	6051	其他业务收入	
130	6061	汇兑损益	金融专用
131	6101	公允价值变动损益	
132	6111	投资收益	
133	6201	摊回保险责任准备金	保险专用
134	6202	摊回赔付支出	保险专用
135	6203	摊回分保费用	保险专用
136	6301	营业外收入	
137	6401	主营业务成本	
138	6402	其他业务支出	
139	6403	营业税金及附加	
140	6411	利息支出	金融共用
141	6421	手续费及佣金支出	金融共用
142	6501	提取未到期责任准备金	保险专用
143	6502	提取保险责任准备金	保险专用
144	6511	赔付支出	保险专用
145	6521	保单红利支出	保险专用
146	6531	退保金	保险专用
147	6541	分出保费	保险专用
148	6542	分保费用	保险专用
149	6601	销售费用	
150	6602	管理费用	
151	6603	财务费用	
152	6604	勘探费用	
153	6701	资产减值损失	
154	6711	营业外支出	
155	6801	所得税费用	
156	6901	以前年度损益调整	

企业应当按照《企业会计准则》及其应用指南规定，设置会计科目进行账务处理，在不违反统一规定的前提下，可以根据本企业的实际情况自行增设、分拆、合并会计科目。不存在的交易或者事项，可以不设置相关的会计科目。本指南中的会计科目编号，供企业填制会计凭证、登记会计账簿、查阅会计账目、采用会计软件系统参考，企业也可以根据本规定，结合本企业的实际情况自行确定会计科目编号。

附录2 模拟实验操作用材料

总号	
分号	

收 款 凭 证

借方科目…………………………　　　　年　月　日　　　　附件　　张

摘　要	贷方科目		过账	金　额										
	总账科目	明细科目		亿	千	百	十	万	千	百	十	元	角	分
合计														

财会主管　　记账　　出纳　　复核　　制单

总号	
分号	

收 款 凭 证

借方科目…………………………　　　　年　月　日　　　　附件　　张

摘　要	贷方科目		过账	金　额										
	总账科目	明细科目		亿	千	百	十	万	千	百	十	元	角	分
合计														

财会主管　　记账　　出纳　　复核　　制单

总号	
分号	

收款凭证

借方科目………………………… 年 月 日 附件 张

摘要	贷方科目		过账	金额										
	总账科目	明细科目		亿	千	百	十	万	千	百	十	元	角	分
合计														

财会主管 记账 出纳 复核 制单

总号	
分号	

收款凭证

借方科目………………………… 年 月 日 附件 张

摘要	贷方科目		过账	金额										
	总账科目	明细科目		亿	千	百	十	万	千	百	十	元	角	分
合计														

财会主管 记账 出纳 复核 制单

总号	
分号	

收款凭证

借方科目………………………… 年 月 日 附件 张

摘 要	贷方科目		过账	金额										
	总账科目	明细科目		亿	千	百	十	万	千	百	十	元	角	分
合计														

财会主管 记账 出纳 复核 制单

总号	
分号	

收款凭证

借方科目………………………… 年 月 日 附件 张

摘 要	贷方科目		过账	金额										
	总账科目	明细科目		亿	千	百	十	万	千	百	十	元	角	分
合计														

财会主管 记账 出纳 复核 制单

总号	
分号	

收 款 凭 证

借方科目............................ 年 月 日 附件 张

摘 要	贷 方 科 目		过账	金 额										
	总账科目	明细科目		亿	千	百	十	万	千	百	十	元	角	分
合计														

财会主管 记账 出纳 复核 制单

总号	
分号	

收 款 凭 证

借方科目............................ 年 月 日 附件 张

摘 要	贷 方 科 目		过账	金 额										
	总账科目	明细科目		亿	千	百	十	万	千	百	十	元	角	分
合计														

财会主管 记账 出纳 复核 制单

总号	
分号	

付 款 凭 证

贷方科目............................　　　　年　月　日　　　　附件　　　张

摘　要	借 方 科 目		过账	金　额										
	总账科目	明细科目		亿	千	百	十	万	千	百	十	元	角	分
合计														

财会主管　　记账　　出纳　　复核　　制单　　领款人签章

总号	
分号	

付 款 凭 证

贷方科目............................　　　　年　月　日　　　　附件　　　张

摘　要	借 方 科 目		过账	金　额										
	总账科目	明细科目		亿	千	百	十	万	千	百	十	元	角	分
合计														

财会主管　　记账　　出纳　　复核　　制单　　领款人签章

总号	
分号	

付 款 凭 证

贷方科目............................　　　　年　月　日　　　　附件　　　张

<table>
<tr><td rowspan="2">摘　要</td><td colspan="2">借 方 科 目</td><td rowspan="2">过账</td><td colspan="11">金　额</td></tr>
<tr><td>总账科目</td><td>明细科目</td><td>亿</td><td>千</td><td>百</td><td>十</td><td>万</td><td>千</td><td>百</td><td>十</td><td>元</td><td>角</td><td>分</td></tr>
<tr><td></td><td></td><td></td><td></td><td></td><td></td><td></td><td></td><td></td><td></td><td></td><td></td><td></td><td></td><td></td></tr>
<tr><td></td><td></td><td></td><td></td><td></td><td></td><td></td><td></td><td></td><td></td><td></td><td></td><td></td><td></td><td></td></tr>
<tr><td></td><td></td><td></td><td></td><td></td><td></td><td></td><td></td><td></td><td></td><td></td><td></td><td></td><td></td><td></td></tr>
<tr><td></td><td></td><td></td><td></td><td></td><td></td><td></td><td></td><td></td><td></td><td></td><td></td><td></td><td></td><td></td></tr>
<tr><td></td><td></td><td></td><td></td><td></td><td></td><td></td><td></td><td></td><td></td><td></td><td></td><td></td><td></td><td></td></tr>
<tr><td></td><td></td><td></td><td></td><td></td><td></td><td></td><td></td><td></td><td></td><td></td><td></td><td></td><td></td><td></td></tr>
<tr><td colspan="3">合计</td><td></td><td></td><td></td><td></td><td></td><td></td><td></td><td></td><td></td><td></td><td></td><td></td></tr>
</table>

财会主管　　　记账　　　出纳　　　复核　　　制单　　　领款人签章

..............................✂..............................✂..............................

总号	
分号	

付 款 凭 证

贷方科目............................　　　　年　月　日　　　　附件　　　张

<table>
<tr><td rowspan="2">摘　要</td><td colspan="2">借 方 科 目</td><td rowspan="2">过账</td><td colspan="11">金　额</td></tr>
<tr><td>总账科目</td><td>明细科目</td><td>亿</td><td>千</td><td>百</td><td>十</td><td>万</td><td>千</td><td>百</td><td>十</td><td>元</td><td>角</td><td>分</td></tr>
<tr><td></td><td></td><td></td><td></td><td></td><td></td><td></td><td></td><td></td><td></td><td></td><td></td><td></td><td></td><td></td></tr>
<tr><td></td><td></td><td></td><td></td><td></td><td></td><td></td><td></td><td></td><td></td><td></td><td></td><td></td><td></td><td></td></tr>
<tr><td></td><td></td><td></td><td></td><td></td><td></td><td></td><td></td><td></td><td></td><td></td><td></td><td></td><td></td><td></td></tr>
<tr><td></td><td></td><td></td><td></td><td></td><td></td><td></td><td></td><td></td><td></td><td></td><td></td><td></td><td></td><td></td></tr>
<tr><td></td><td></td><td></td><td></td><td></td><td></td><td></td><td></td><td></td><td></td><td></td><td></td><td></td><td></td><td></td></tr>
<tr><td></td><td></td><td></td><td></td><td></td><td></td><td></td><td></td><td></td><td></td><td></td><td></td><td></td><td></td><td></td></tr>
<tr><td colspan="3">合计</td><td></td><td></td><td></td><td></td><td></td><td></td><td></td><td></td><td></td><td></td><td></td><td></td></tr>
</table>

财会主管　　　记账　　　出纳　　　复核　　　制单　　　领款人签章

总号	
分号	

付 款 凭 证

贷方科目............................ 年 月 日 附件 张

摘 要	借 方 科 目		过账	金 额										
	总账科目	明细科目		亿	千	百	十	万	千	百	十	元	角	分
合计														

财会主管　　记账　　出纳　　复核　　制单　　领款人签章

..............................✂..............................✂..............................

总号	
分号	

付 款 凭 证

贷方科目............................ 年 月 日 附件 张

摘 要	借 方 科 目		过账	金 额										
	总账科目	明细科目		亿	千	百	十	万	千	百	十	元	角	分
合计														

财会主管　　记账　　出纳　　复核　　制单　　领款人签章

总号	
分号	

付 款 凭 证

贷方科目............................ 年 月 日 附件 张

<table>
<tr><td rowspan="2">摘 要</td><td colspan="2">借 方 科 目</td><td rowspan="2">过账</td><td colspan="11">金 额</td></tr>
<tr><td>总账科目</td><td>明细科目</td><td>亿</td><td>千</td><td>百</td><td>十</td><td>万</td><td>千</td><td>百</td><td>十</td><td>元</td><td>角</td><td>分</td></tr>
<tr><td></td><td></td><td></td><td></td><td></td><td></td><td></td><td></td><td></td><td></td><td></td><td></td><td></td><td></td><td></td></tr>
<tr><td></td><td></td><td></td><td></td><td></td><td></td><td></td><td></td><td></td><td></td><td></td><td></td><td></td><td></td><td></td></tr>
<tr><td></td><td></td><td></td><td></td><td></td><td></td><td></td><td></td><td></td><td></td><td></td><td></td><td></td><td></td><td></td></tr>
<tr><td></td><td></td><td></td><td></td><td></td><td></td><td></td><td></td><td></td><td></td><td></td><td></td><td></td><td></td><td></td></tr>
<tr><td></td><td></td><td></td><td></td><td></td><td></td><td></td><td></td><td></td><td></td><td></td><td></td><td></td><td></td><td></td></tr>
<tr><td></td><td></td><td></td><td></td><td></td><td></td><td></td><td></td><td></td><td></td><td></td><td></td><td></td><td></td><td></td></tr>
<tr><td colspan="3">合计</td><td></td><td></td><td></td><td></td><td></td><td></td><td></td><td></td><td></td><td></td><td></td><td></td></tr>
</table>

财会主管 记账 出纳 复核 制单 领款人签章

总号	
分号	

付 款 凭 证

贷方科目............................ 年 月 日 附件 张

<table>
<tr><td rowspan="2">摘 要</td><td colspan="2">借 方 科 目</td><td rowspan="2">过账</td><td colspan="11">金 额</td></tr>
<tr><td>总账科目</td><td>明细科目</td><td>亿</td><td>千</td><td>百</td><td>十</td><td>万</td><td>千</td><td>百</td><td>十</td><td>元</td><td>角</td><td>分</td></tr>
<tr><td></td><td></td><td></td><td></td><td></td><td></td><td></td><td></td><td></td><td></td><td></td><td></td><td></td><td></td><td></td></tr>
<tr><td></td><td></td><td></td><td></td><td></td><td></td><td></td><td></td><td></td><td></td><td></td><td></td><td></td><td></td><td></td></tr>
<tr><td></td><td></td><td></td><td></td><td></td><td></td><td></td><td></td><td></td><td></td><td></td><td></td><td></td><td></td><td></td></tr>
<tr><td></td><td></td><td></td><td></td><td></td><td></td><td></td><td></td><td></td><td></td><td></td><td></td><td></td><td></td><td></td></tr>
<tr><td></td><td></td><td></td><td></td><td></td><td></td><td></td><td></td><td></td><td></td><td></td><td></td><td></td><td></td><td></td></tr>
<tr><td></td><td></td><td></td><td></td><td></td><td></td><td></td><td></td><td></td><td></td><td></td><td></td><td></td><td></td><td></td></tr>
<tr><td colspan="3">合计</td><td></td><td></td><td></td><td></td><td></td><td></td><td></td><td></td><td></td><td></td><td></td><td></td></tr>
</table>

财会主管 记账 出纳 复核 制单 领款人签章

总号	
分号	

付 款 凭 证

贷方科目............................ 年 月 日 附件 张

<table>
<tr><td rowspan="2">摘 要</td><td colspan="2">借 方 科 目</td><td rowspan="2">过账</td><td colspan="11">金 额</td></tr>
<tr><td>总账科目</td><td>明细科目</td><td>亿</td><td>千</td><td>百</td><td>十</td><td>万</td><td>千</td><td>百</td><td>十</td><td>元</td><td>角</td><td>分</td></tr>
<tr><td></td><td></td><td></td><td></td><td></td><td></td><td></td><td></td><td></td><td></td><td></td><td></td><td></td><td></td><td></td></tr>
<tr><td></td><td></td><td></td><td></td><td></td><td></td><td></td><td></td><td></td><td></td><td></td><td></td><td></td><td></td><td></td></tr>
<tr><td></td><td></td><td></td><td></td><td></td><td></td><td></td><td></td><td></td><td></td><td></td><td></td><td></td><td></td><td></td></tr>
<tr><td></td><td></td><td></td><td></td><td></td><td></td><td></td><td></td><td></td><td></td><td></td><td></td><td></td><td></td><td></td></tr>
<tr><td></td><td></td><td></td><td></td><td></td><td></td><td></td><td></td><td></td><td></td><td></td><td></td><td></td><td></td><td></td></tr>
<tr><td></td><td></td><td></td><td></td><td></td><td></td><td></td><td></td><td></td><td></td><td></td><td></td><td></td><td></td><td></td></tr>
<tr><td colspan="3">合计</td><td></td><td></td><td></td><td></td><td></td><td></td><td></td><td></td><td></td><td></td><td></td><td></td></tr>
</table>

财会主管 记账 出纳 复核 制单 领款人签章

总号	
分号	

付 款 凭 证

贷方科目............................ 年 月 日 附件 张

<table>
<tr><td rowspan="2">摘 要</td><td colspan="2">借 方 科 目</td><td rowspan="2">过账</td><td colspan="11">金 额</td></tr>
<tr><td>总账科目</td><td>明细科目</td><td>亿</td><td>千</td><td>百</td><td>十</td><td>万</td><td>千</td><td>百</td><td>十</td><td>元</td><td>角</td><td>分</td></tr>
<tr><td></td><td></td><td></td><td></td><td></td><td></td><td></td><td></td><td></td><td></td><td></td><td></td><td></td><td></td><td></td></tr>
<tr><td></td><td></td><td></td><td></td><td></td><td></td><td></td><td></td><td></td><td></td><td></td><td></td><td></td><td></td><td></td></tr>
<tr><td></td><td></td><td></td><td></td><td></td><td></td><td></td><td></td><td></td><td></td><td></td><td></td><td></td><td></td><td></td></tr>
<tr><td></td><td></td><td></td><td></td><td></td><td></td><td></td><td></td><td></td><td></td><td></td><td></td><td></td><td></td><td></td></tr>
<tr><td></td><td></td><td></td><td></td><td></td><td></td><td></td><td></td><td></td><td></td><td></td><td></td><td></td><td></td><td></td></tr>
<tr><td></td><td></td><td></td><td></td><td></td><td></td><td></td><td></td><td></td><td></td><td></td><td></td><td></td><td></td><td></td></tr>
<tr><td colspan="3">合计</td><td></td><td></td><td></td><td></td><td></td><td></td><td></td><td></td><td></td><td></td><td></td><td></td></tr>
</table>

财会主管 记账 出纳 复核 制单 领款人签章

总号	
分号	

付款凭证

贷方科目............................　　　　年　月　日　　　　附件　　　张

摘　要	借方科目		过账	金　额										
	总账科目	明细科目		亿	千	百	十	万	千	百	十	元	角	分
合计														

财会主管　　记账　　出纳　　复核　　制单　　领款人签章

总号	
分号	

付款凭证

贷方科目............................　　　　年　月　日　　　　附件　　　张

摘　要	借方科目		过账	金　额										
	总账科目	明细科目		亿	千	百	十	万	千	百	十	元	角	分
合计														

财会主管　　记账　　出纳　　复核　　制单　　领款人签章

总号	
分号	

付 款 凭 证

贷方科目............................ 年 月 日 附件 张

摘 要	借方科目		过账	金额										
	总账科目	明细科目		亿	千	百	十	万	千	百	十	元	角	分
合计														

财会主管 记账 出纳 复核 制单 领款人签章

总号	
分号	

付 款 凭 证

贷方科目............................ 年 月 日 附件 张

摘 要	借方科目		过账	金额										
	总账科目	明细科目		亿	千	百	十	万	千	百	十	元	角	分
合计														

财会主管 记账 出纳 复核 制单 领款人签章

总号	
分号	

付款凭证

贷方科目............................ 年 月 日 附件 张

摘要	借方科目		过账	金额										
	总账科目	明细科目		亿	千	百	十	万	千	百	十	元	角	分
合计														

财会主管 记账 出纳 复核 制单 领款人签章

总号	
分号	

付款凭证

贷方科目............................ 年 月 日 附件 张

摘要	借方科目		过账	金额										
	总账科目	明细科目		亿	千	百	十	万	千	百	十	元	角	分
合计														

财会主管 记账 出纳 复核 制单 领款人签章

总号	
分号	

付款凭证

贷方科目…………………………　　　　年　月　日　　　　附件　　　张

摘要	借方科目		过账	金额										
	总账科目	明细科目		亿	千	百	十	万	千	百	十	元	角	分
合计														

财会主管　　记账　　出纳　　复核　　制单　　领款人签章

总号	
分号	

付款凭证

贷方科目…………………………　　　　年　月　日　　　　附件　　　张

摘要	借方科目		过账	金额										
	总账科目	明细科目		亿	千	百	十	万	千	百	十	元	角	分
合计														

财会主管　　记账　　出纳　　复核　　制单　　领款人签章

总号	
分号	

付 款 凭 证

贷方科目............................ 年 月 日 附件 张

摘 要	借 方 科 目		过账	金 额										
	总账科目	明细科目		亿	千	百	十	万	千	百	十	元	角	分
合计														

财会主管 记账 出纳 复核 制单 领款人签章

总号	
分号	

付 款 凭 证

贷方科目............................ 年 月 日 附件 张

摘 要	借 方 科 目		过账	金 额										
	总账科目	明细科目		亿	千	百	十	万	千	百	十	元	角	分
合计														

财会主管 记账 出纳 复核 制单 领款人签章

总号	
分号	

付款凭证

贷方科目…………………………　　年　月　日　　附件　　张

摘　要	借方科目		过账	金　额										
	总账科目	明细科目		亿	千	百	十	万	千	百	十	元	角	分
合计														

财会主管　　记账　　出纳　　复核　　制单　　领款人签章

总号	
分号	

付款凭证

贷方科目…………………………　　年　月　日　　附件　　张

摘　要	借方科目		过账	金　额										
	总账科目	明细科目		亿	千	百	十	万	千	百	十	元	角	分
合计														

财会主管　　记账　　出纳　　复核　　制单　　领款人签章

总号	
分号	

付 款 凭 证

贷方科目……………………　　年　月　日　　附件　　张

摘　要	借 方 科 目		过账	金　额										
	总账科目	明细科目		亿	千	百	十	万	千	百	十	元	角	分
合计														

财会主管　　记账　　出纳　　复核　　制单　　领款人签章

总号	
分号	

付 款 凭 证

贷方科目……………………　　年　月　日　　附件　　张

摘　要	借 方 科 目		过账	金　额										
	总账科目	明细科目		亿	千	百	十	万	千	百	十	元	角	分
合计														

财会主管　　记账　　出纳　　复核　　制单　　领款人签章

总号	
分号	

转账凭证

年　月　日　　　　　　　　附件　　　张

摘　要	总账科目	明细科目	过账	借方金额											贷方金额										
				亿	千	百	十	万	千	百	十	元	角	分	亿	千	百	十	万	千	百	十	元	角	分
合计																									

财会主管　　记账　　出纳　　复核　　制单　　领款人签章

总号	
分号	

转账凭证

年　月　日　　　　　　　　附件　　　张

摘　要	总账科目	明细科目	过账	借方金额											贷方金额										
				亿	千	百	十	万	千	百	十	元	角	分	亿	千	百	十	万	千	百	十	元	角	分
合计																									

财会主管　　记账　　出纳　　复核　　制单　　领款人签章

总号	
分号	

转 账 凭 证

年　月　日　　　　　　附件　　　张

摘　要	总账科目	明细科目	过账	借方金额											贷方金额										
				亿	千	百	十	万	千	百	十	元	角	分	亿	千	百	十	万	千	百	十	元	角	分
合计																									

财会主管　　记账　　出纳　　复核　　制单　　领款人签章

总号	
分号	

转 账 凭 证

年　月　日　　　　　　附件　　　张

摘　要	总账科目	明细科目	过账	借方金额											贷方金额										
				亿	千	百	十	万	千	百	十	元	角	分	亿	千	百	十	万	千	百	十	元	角	分
合计																									

财会主管　　记账　　出纳　　复核　　制单　　领款人签章

总号	
分号	

转 账 凭 证

年　月　日　　　　　　　　附件　　　张

摘　要	总账科目	明细科目	过账	借方金额											贷方金额										
				亿	千	百	十	万	千	百	十	元	角	分	亿	千	百	十	万	千	百	十	元	角	分
合计																									

财会主管　　记账　　出纳　　复核　　制单　　领款人签章

总号	
分号	

转 账 凭 证

年　月　日　　　　　　　　附件　　　张

摘　要	总账科目	明细科目	过账	借方金额											贷方金额										
				亿	千	百	十	万	千	百	十	元	角	分	亿	千	百	十	万	千	百	十	元	角	分
合计																									

财会主管　　记账　　出纳　　复核　　制单　　领款人签章

总号	
分号	

转 账 凭 证

年　月　日　　　　　　　　附件　　　张

摘　要	总账科目	明细科目	过账	借方金额											贷方金额										
				亿	千	百	十	万	千	百	十	元	角	分	亿	千	百	十	万	千	百	十	元	角	分
合计																									

财会主管　　记账　　出纳　　复核　　制单　　领款人签章

总号	
分号	

转 账 凭 证

年　月　日　　　　　　　　附件　　　张

摘　要	总账科目	明细科目	过账	借方金额											贷方金额										
				亿	千	百	十	万	千	百	十	元	角	分	亿	千	百	十	万	千	百	十	元	角	分
合计																									

财会主管　　记账　　出纳　　复核　　制单　　领款人签章

总号	
分号	

转 账 凭 证

年　月　日　　　　　　　　附件　　　　张

摘　要	总账科目	明细科目	过账	借方金额											贷方金额										
				亿	千	百	十	万	千	百	十	元	角	分	亿	千	百	十	万	千	百	十	元	角	分
合计																									

财会主管　　　记账　　　出纳　　　复核　　　制单　　　领款人签章

总号	
分号	

转 账 凭 证

年　月　日　　　　　　　　附件　　　　张

摘　要	总账科目	明细科目	过账	借方金额											贷方金额										
				亿	千	百	十	万	千	百	十	元	角	分	亿	千	百	十	万	千	百	十	元	角	分
合计																									

财会主管　　　记账　　　出纳　　　复核　　　制单　　　领款人签章

总号	
分号	

转 账 凭 证

年　月　日　　　　　　附件　　　张

摘　要	总账科目	明细科目	过账	借方金额											贷方金额										
				亿	千	百	十	万	千	百	十	元	角	分	亿	千	百	十	万	千	百	十	元	角	分
合计																									

财会主管　　记账　　出纳　　复核　　制单　　领款人签章

总号	
分号	

转 账 凭 证

年　月　日　　　　　　附件　　　张

摘　要	总账科目	明细科目	过账	借方金额											贷方金额										
				亿	千	百	十	万	千	百	十	元	角	分	亿	千	百	十	万	千	百	十	元	角	分
合计																									

财会主管　　记账　　出纳　　复核　　制单　　领款人签章

总号	
分号	

转账凭证

年　月　日　　　　附件　　张

摘　要	总账科目	明细科目	过账	借方金额											贷方金额										
				亿	千	百	十	万	千	百	十	元	角	分	亿	千	百	十	万	千	百	十	元	角	分
合计																									

财会主管　　记账　　出纳　　复核　　制单　　领款人签章

总号	
分号	

转账凭证

年　月　日　　　　附件　　张

摘　要	总账科目	明细科目	过账	借方金额											贷方金额										
				亿	千	百	十	万	千	百	十	元	角	分	亿	千	百	十	万	千	百	十	元	角	分
合计																									

财会主管　　记账　　出纳　　复核　　制单　　领款人签章

总号	
分号	

转 账 凭 证

年　月　日　　　　　　附件　　　张

摘　要	总账科目	明细科目	过账	借方金额											贷方金额										
				亿	千	百	十	万	千	百	十	元	角	分	亿	千	百	十	万	千	百	十	元	角	分
合计																									

财会主管　　记账　　出纳　　复核　　制单　　领款人签章

总号	
分号	

转 账 凭 证

年　月　日　　　　　　附件　　　张

摘　要	总账科目	明细科目	过账	借方金额											贷方金额										
				亿	千	百	十	万	千	百	十	元	角	分	亿	千	百	十	万	千	百	十	元	角	分
合计																									

财会主管　　记账　　出纳　　复核　　制单　　领款人签章

总号	
分号	

转 账 凭 证

年　月　日　　　　　　　　附件　　　张

摘　要	总账科目	明细科目	过账	借方金额											贷方金额										
				亿	千	百	十	万	千	百	十	元	角	分	亿	千	百	十	万	千	百	十	元	角	分
合计																									

财会主管　　记账　　出纳　　复核　　制单　　领款人签章

总号	
分号	

转 账 凭 证

年　月　日　　　　　　　　附件　　　张

摘　要	总账科目	明细科目	过账	借方金额											贷方金额										
				亿	千	百	十	万	千	百	十	元	角	分	亿	千	百	十	万	千	百	十	元	角	分
合计																									

财会主管　　记账　　出纳　　复核　　制单　　领款人签章

总号	
分号	

转账凭证

年　月　日　　　　附件　　张

摘　要	总账科目	明细科目	过账	借方金额											贷方金额										
				亿	千	百	十	万	千	百	十	元	角	分	亿	千	百	十	万	千	百	十	元	角	分
合计																									

财会主管　　记账　　出纳　　复核　　制单　　领款人签章

总号	
分号	

转账凭证

年　月　日　　　　附件　　张

摘　要	总账科目	明细科目	过账	借方金额											贷方金额										
				亿	千	百	十	万	千	百	十	元	角	分	亿	千	百	十	万	千	百	十	元	角	分
合计																									

财会主管　　记账　　出纳　　复核　　制单　　领款人签章

总号	
分号	

转 账 凭 证

年 月 日 附件 张

<table>
<tr><td rowspan="2">摘 要</td><td rowspan="2">总账科目</td><td rowspan="2">明细科目</td><td rowspan="2">过账</td><td colspan="11">借方金额</td><td colspan="11">贷方金额</td></tr>
<tr><td>亿</td><td>千</td><td>百</td><td>十</td><td>万</td><td>千</td><td>百</td><td>十</td><td>元</td><td>角</td><td>分</td><td>亿</td><td>千</td><td>百</td><td>十</td><td>万</td><td>千</td><td>百</td><td>十</td><td>元</td><td>角</td><td>分</td></tr>
<tr><td></td><td></td><td></td><td></td><td></td><td></td><td></td><td></td><td></td><td></td><td></td><td></td><td></td><td></td><td></td><td></td><td></td><td></td><td></td><td></td><td></td><td></td><td></td><td></td><td></td><td></td></tr>
<tr><td></td><td></td><td></td><td></td><td></td><td></td><td></td><td></td><td></td><td></td><td></td><td></td><td></td><td></td><td></td><td></td><td></td><td></td><td></td><td></td><td></td><td></td><td></td><td></td><td></td><td></td></tr>
<tr><td></td><td></td><td></td><td></td><td></td><td></td><td></td><td></td><td></td><td></td><td></td><td></td><td></td><td></td><td></td><td></td><td></td><td></td><td></td><td></td><td></td><td></td><td></td><td></td><td></td><td></td></tr>
<tr><td></td><td></td><td></td><td></td><td></td><td></td><td></td><td></td><td></td><td></td><td></td><td></td><td></td><td></td><td></td><td></td><td></td><td></td><td></td><td></td><td></td><td></td><td></td><td></td><td></td><td></td></tr>
<tr><td></td><td></td><td></td><td></td><td></td><td></td><td></td><td></td><td></td><td></td><td></td><td></td><td></td><td></td><td></td><td></td><td></td><td></td><td></td><td></td><td></td><td></td><td></td><td></td><td></td><td></td></tr>
<tr><td></td><td></td><td></td><td></td><td></td><td></td><td></td><td></td><td></td><td></td><td></td><td></td><td></td><td></td><td></td><td></td><td></td><td></td><td></td><td></td><td></td><td></td><td></td><td></td><td></td><td></td></tr>
<tr><td colspan="3">合计</td><td></td><td></td><td></td><td></td><td></td><td></td><td></td><td></td><td></td><td></td><td></td><td></td><td></td><td></td><td></td><td></td><td></td><td></td><td></td><td></td><td></td><td></td><td></td></tr>
</table>

财会主管 记账 出纳 复核 制单 领款人签章

总号	
分号	

转 账 凭 证

年 月 日 附件 张

<table>
<tr><td rowspan="2">摘 要</td><td rowspan="2">总账科目</td><td rowspan="2">明细科目</td><td rowspan="2">过账</td><td colspan="11">借方金额</td><td colspan="11">贷方金额</td></tr>
<tr><td>亿</td><td>千</td><td>百</td><td>十</td><td>万</td><td>千</td><td>百</td><td>十</td><td>元</td><td>角</td><td>分</td><td>亿</td><td>千</td><td>百</td><td>十</td><td>万</td><td>千</td><td>百</td><td>十</td><td>元</td><td>角</td><td>分</td></tr>
<tr><td></td><td></td><td></td><td></td><td></td><td></td><td></td><td></td><td></td><td></td><td></td><td></td><td></td><td></td><td></td><td></td><td></td><td></td><td></td><td></td><td></td><td></td><td></td><td></td><td></td><td></td></tr>
<tr><td></td><td></td><td></td><td></td><td></td><td></td><td></td><td></td><td></td><td></td><td></td><td></td><td></td><td></td><td></td><td></td><td></td><td></td><td></td><td></td><td></td><td></td><td></td><td></td><td></td><td></td></tr>
<tr><td></td><td></td><td></td><td></td><td></td><td></td><td></td><td></td><td></td><td></td><td></td><td></td><td></td><td></td><td></td><td></td><td></td><td></td><td></td><td></td><td></td><td></td><td></td><td></td><td></td><td></td></tr>
<tr><td></td><td></td><td></td><td></td><td></td><td></td><td></td><td></td><td></td><td></td><td></td><td></td><td></td><td></td><td></td><td></td><td></td><td></td><td></td><td></td><td></td><td></td><td></td><td></td><td></td><td></td></tr>
<tr><td></td><td></td><td></td><td></td><td></td><td></td><td></td><td></td><td></td><td></td><td></td><td></td><td></td><td></td><td></td><td></td><td></td><td></td><td></td><td></td><td></td><td></td><td></td><td></td><td></td><td></td></tr>
<tr><td></td><td></td><td></td><td></td><td></td><td></td><td></td><td></td><td></td><td></td><td></td><td></td><td></td><td></td><td></td><td></td><td></td><td></td><td></td><td></td><td></td><td></td><td></td><td></td><td></td><td></td></tr>
<tr><td colspan="3">合计</td><td></td><td></td><td></td><td></td><td></td><td></td><td></td><td></td><td></td><td></td><td></td><td></td><td></td><td></td><td></td><td></td><td></td><td></td><td></td><td></td><td></td><td></td><td></td></tr>
</table>

财会主管 记账 出纳 复核 制单 领款人签章

总号	
分号	

转 账 凭 证

年　月　日　　　　附件　　张

摘　要	总账科目	明细科目	过账	借方金额											贷方金额										
				亿	千	百	十	万	千	百	十	元	角	分	亿	千	百	十	万	千	百	十	元	角	分
合计																									

财会主管　　记账　　出纳　　复核　　制单　　领款人签章

总号	
分号	

转 账 凭 证

年　月　日　　　　附件　　张

摘　要	总账科目	明细科目	过账	借方金额											贷方金额										
				亿	千	百	十	万	千	百	十	元	角	分	亿	千	百	十	万	千	百	十	元	角	分
合计																									

财会主管　　记账　　出纳　　复核　　制单　　领款人签章

总号	
分号	

转账凭证

年　月　日　　　　　　附件　　　张

摘　要	总账科目	明细科目	过账	借方金额											贷方金额										
				亿	千	百	十	万	千	百	十	元	角	分	亿	千	百	十	万	千	百	十	元	角	分
合计																									

财会主管　　记账　　出纳　　复核　　制单　　领款人签章

总号	
分号	

转账凭证

年　月　日　　　　　　附件　　　张

摘　要	总账科目	明细科目	过账	借方金额											贷方金额										
				亿	千	百	十	万	千	百	十	元	角	分	亿	千	百	十	万	千	百	十	元	角	分
合计																									

财会主管　　记账　　出纳　　复核　　制单　　领款人签章

总号	
分号	

转 账 凭 证

年　月　日　　　　　　附件　　　张

摘　要	总账科目	明细科目	过账	借方金额											贷方金额										
				亿	千	百	十	万	千	百	十	元	角	分	亿	千	百	十	万	千	百	十	元	角	分
合计																									

财会主管　　记账　　出纳　　复核　　制单　　领款人签章

总号	
分号	

转 账 凭 证

年　月　日　　　　　　附件　　　张

摘　要	总账科目	明细科目	过账	借方金额											贷方金额										
				亿	千	百	十	万	千	百	十	元	角	分	亿	千	百	十	万	千	百	十	元	角	分
合计																									

财会主管　　记账　　出纳　　复核　　制单　　领款人签章

总号	
分号	

转 账 凭 证

年 月 日　　　　　　　　附件　　　　张

摘　要	总账科目	明细科目	过账	借方金额											贷方金额										
				亿	千	百	十	万	千	百	十	元	角	分	亿	千	百	十	万	千	百	十	元	角	分
合计																									

财会主管　　记账　　出纳　　复核　　制单　　领款人签章

总号	
分号	

转 账 凭 证

年 月 日　　　　　　　　附件　　　　张

摘　要	总账科目	明细科目	过账	借方金额											贷方金额										
				亿	千	百	十	万	千	百	十	元	角	分	亿	千	百	十	万	千	百	十	元	角	分
合计																									

财会主管　　记账　　出纳　　复核　　制单　　领款人签章

总号	
分号	

转 账 凭 证

年　月　日　　　　附件　　　张

摘　要	总账科目	明细科目	过账	借方金额											贷方金额										
				亿	千	百	十	万	千	百	十	元	角	分	亿	千	百	十	万	千	百	十	元	角	分
合计																									

财会主管　　记账　　出纳　　复核　　制单　　领款人签章

总号	
分号	

转 账 凭 证

年　月　日　　　　附件　　　张

摘　要	总账科目	明细科目	过账	借方金额											贷方金额										
				亿	千	百	十	万	千	百	十	元	角	分	亿	千	百	十	万	千	百	十	元	角	分
合计																									

财会主管　　记账　　出纳　　复核　　制单　　领款人签章

库存现金日记账

第 1 页

年		凭证号数	摘要	对方科目	收入（借方）金额										付出（贷方）金额										借或贷	结余金额									
月	日				千	百	十	万	千	百	十	元	角	分	千	百	十	万	千	百	十	元	角	分		千	百	十	万	千	百	十	元	角	分

库存现金日记账

年		凭证号数	摘要	对方科目	收入（借方）金额										付出（贷方）金额										借或贷	结余金额									
月	日				千	百	十	万	千	百	十	元	角	分	千	百	十	万	千	百	十	元	角	分		千	百	十	万	千	百	十	元	角	分

银行存款日记账

第 1 页

年		凭证号数	支票号码	摘 要	对方科目	收入（借方）金额										付出（贷方）金额										借或贷	结余金额									
月	日					千	百	十	万	千	百	十	元	角	分	千	百	十	万	千	百	十	元	角	分		千	百	十	万	千	百	十	元	角	分

银行存款日记账

年		凭证号数	支票号码	摘要	对方科目	收入（借方）金额										付出（贷方）金额										借或贷	结余金额									
月	日					千	百	十	万	千	百	十	元	角	分	千	百	十	万	千	百	十	元	角	分		千	百	十	万	千	百	十	元	角	分

银行存款日记账

年		凭证号数	支票号码	摘要	对方科目	收入（借方）金额										付出（贷方）金额										借或贷	结余金额									
月	日					千	百	十	万	千	百	十	元	角	分	千	百	十	万	千	百	十	元	角	分		千	百	十	万	千	百	十	元	角	分

银行存款日记账

年		凭证号数	支票号码	摘要	对方科目	收入（借方）金额										付出（贷方）金额										借或贷	结余金额									
月	日					千	百	十	万	千	百	十	元	角	分	千	百	十	万	千	百	十	元	角	分		千	百	十	万	千	百	十	元	角	分

科目名称

总第　　页　　分第　　页

产品或编号

年		凭证号	摘要	借方金额											√	贷方金额											√	借或贷	金额										
月	日			亿	千	百	十	万	千	百	十	元	角	分		亿	千	百	十	万	千	百	十	元	角	分			亿	千	百	十	万	千	百	十	元	角	分

科目名称

总第　　页　　分第　　页

产品或编号

年		凭证号	摘要	借方金额											√	贷方金额											√	借或贷	金额										
月	日			亿	千	百	十	万	千	百	十	元	角	分		亿	千	百	十	万	千	百	十	元	角	分			亿	千	百	十	万	千	百	十	元	角	分

科目名称

总第　　页　　分第　　页

产品或编号

年		凭证号	摘要	借方金额											√	贷方金额											√	借或贷	金额										
月	日			亿	千	百	十	万	千	百	十	元	角	分		亿	千	百	十	万	千	百	十	元	角	分			亿	千	百	十	万	千	百	十	元	角	分

科目名称

总第　　页　　分第　　页

产品或编号

年		凭证号	摘要	借方金额											√	贷方金额											√	借或贷	金额										
月	日			亿	千	百	十	万	千	百	十	元	角	分		亿	千	百	十	万	千	百	十	元	角	分			亿	千	百	十	万	千	百	十	元	角	分

科目名称

总第　　页　分第　　页

产品或编号

年		凭证号	摘要	借方金额											√	贷方金额											√	借或贷	金额										
月	日			亿	千	百	十	万	千	百	十	元	角	分		亿	千	百	十	万	千	百	十	元	角	分			亿	千	百	十	万	千	百	十	元	角	分

科目名称

总第　　页　分第　　页

产品或编号

年		凭证号	摘要	借方金额											√	贷方金额											√	借或贷	金额										
月	日			亿	千	百	十	万	千	百	十	元	角	分		亿	千	百	十	万	千	百	十	元	角	分			亿	千	百	十	万	千	百	十	元	角	分

科目名称

总第　页　分第　页

产品或编号

年		凭证号	摘要	借方金额											√	贷方金额											√	借或贷	金额										
月	日			亿	千	百	十	万	千	百	十	元	角	分		亿	千	百	十	万	千	百	十	元	角	分			亿	千	百	十	万	千	百	十	元	角	分

科目名称

总第　页　分第　页

产品或编号

年		凭证号	摘要	借方金额											√	贷方金额											√	借或贷	金额										
月	日			亿	千	百	十	万	千	百	十	元	角	分		亿	千	百	十	万	千	百	十	元	角	分			亿	千	百	十	万	千	百	十	元	角	分

科目名称

总第　　页　　分第　　页

产品或编号

年		凭证号	摘要	借方金额											√	贷方金额											√	借或贷	金额										
月	日			亿	千	百	十	万	千	百	十	元	角	分		亿	千	百	十	万	千	百	十	元	角	分			亿	千	百	十	万	千	百	十	元	角	分

科目名称

总第　　页　　分第　　页

产品或编号

年		凭证号	摘要	借方金额											√	贷方金额											√	借或贷	金额										
月	日			亿	千	百	十	万	千	百	十	元	角	分		亿	千	百	十	万	千	百	十	元	角	分			亿	千	百	十	万	千	百	十	元	角	分

科目名称

总第　页　分第　页

产品或编号

年		凭证号	摘要	借方金额											√	贷方金额											√	借或贷	金额										
月	日			亿	千	百	十	万	千	百	十	元	角	分		亿	千	百	十	万	千	百	十	元	角	分			亿	千	百	十	万	千	百	十	元	角	分

科目名称

总第　页　分第　页

产品或编号

年		凭证号	摘要	借方金额											√	贷方金额											√	借或贷	金额										
月	日			亿	千	百	十	万	千	百	十	元	角	分		亿	千	百	十	万	千	百	十	元	角	分			亿	千	百	十	万	千	百	十	元	角	分

科目名称

总第　　页　　分第　　页

产品或编号

年		凭证号	摘要	借方金额											√	贷方金额											√	借或贷	金额										
月	日			亿	千	百	十	万	千	百	十	元	角	分		亿	千	百	十	万	千	百	十	元	角	分			亿	千	百	十	万	千	百	十	元	角	分

科目名称

总第　　页　　分第　　页

产品或编号

年		凭证号	摘要	借方金额											√	贷方金额											√	借或贷	金额										
月	日			亿	千	百	十	万	千	百	十	元	角	分		亿	千	百	十	万	千	百	十	元	角	分			亿	千	百	十	万	千	百	十	元	角	分

科目名称

总第　页　分第　页

产品或编号

年		凭证号	摘要	借方金额											√	贷方金额											√	借或贷	金额										
月	日			亿	千	百	十	万	千	百	十	元	角	分		亿	千	百	十	万	千	百	十	元	角	分			亿	千	百	十	万	千	百	十	元	角	分

科目名称

总第　页　分第　页

产品或编号

年		凭证号	摘要	借方金额											√	贷方金额											√	借或贷	金额										
月	日			亿	千	百	十	万	千	百	十	元	角	分		亿	千	百	十	万	千	百	十	元	角	分			亿	千	百	十	万	千	百	十	元	角	分

科目名称

总第　　页　　分第　　页

产品或编号

年		凭证号	摘要	借方金额											√	贷方金额											√	借或贷	金额										
月	日			亿	千	百	十	万	千	百	十	元	角	分		亿	千	百	十	万	千	百	十	元	角	分			亿	千	百	十	万	千	百	十	元	角	分

科目名称

总第　　页　　分第　　页

产品或编号

年		凭证号	摘要	借方金额											√	贷方金额											√	借或贷	金额										
月	日			亿	千	百	十	万	千	百	十	元	角	分		亿	千	百	十	万	千	百	十	元	角	分			亿	千	百	十	万	千	百	十	元	角	分

总第　　页　　分第　　页

产品或编号

科目名称

年		凭证号	摘要	借方金额											√	贷方金额											√	借或贷	金额										
月	日			亿	千	百	十	万	千	百	十	元	角	分		亿	千	百	十	万	千	百	十	元	角	分			亿	千	百	十	万	千	百	十	元	角	分

总第　　页　　分第　　页

产品或编号

科目名称

年		凭证号	摘要	借方金额											√	贷方金额											√	借或贷	金额										
月	日			亿	千	百	十	万	千	百	十	元	角	分		亿	千	百	十	万	千	百	十	元	角	分			亿	千	百	十	万	千	百	十	元	角	分

科目名称

总第　页　分第　页

产品或编号

年		凭证号	摘要	借方金额											√	贷方金额											√	借或贷	金额										
月	日			亿	千	百	十	万	千	百	十	元	角	分		亿	千	百	十	万	千	百	十	元	角	分			亿	千	百	十	万	千	百	十	元	角	分

科目名称

总第　页　分第　页

产品或编号

年		凭证号	摘要	借方金额											√	贷方金额											√	借或贷	金额										
月	日			亿	千	百	十	万	千	百	十	元	角	分		亿	千	百	十	万	千	百	十	元	角	分			亿	千	百	十	万	千	百	十	元	角	分

科目名称

总第　页　分第　页

产品或编号

年		凭证号	摘要	借方金额											√	贷方金额											√	借或贷	金额										
月	日			亿	千	百	十	万	千	百	十	元	角	分		亿	千	百	十	万	千	百	十	元	角	分			亿	千	百	十	万	千	百	十	元	角	分

科目名称

总第　页　分第　页

产品或编号

年		凭证号	摘要	借方金额											√	贷方金额											√	借或贷	金额										
月	日			亿	千	百	十	万	千	百	十	元	角	分		亿	千	百	十	万	千	百	十	元	角	分			亿	千	百	十	万	千	百	十	元	角	分

科目名称

总第　　页　　分第　　页

产品或编号

年		凭证号	摘要	借方金额											√	贷方金额											√	借或贷	金额										
月	日			亿	千	百	十	万	千	百	十	元	角	分		亿	千	百	十	万	千	百	十	元	角	分			亿	千	百	十	万	千	百	十	元	角	分

科目名称

总第　　页　　分第　　页

产品或编号

年		凭证号	摘要	借方金额											√	贷方金额											√	借或贷	金额										
月	日			亿	千	百	十	万	千	百	十	元	角	分		亿	千	百	十	万	千	百	十	元	角	分			亿	千	百	十	万	千	百	十	元	角	分

科目名称

总第　　页　　分第　　页

产品或编号

年		凭证号	摘要	借方金额											√	贷方金额											√	借或贷	金额										
月	日			亿	千	百	十	万	千	百	十	元	角	分		亿	千	百	十	万	千	百	十	元	角	分			亿	千	百	十	万	千	百	十	元	角	分

科目名称

总第　　页　　分第　　页

产品或编号

年		凭证号	摘要	借方金额											√	贷方金额											√	借或贷	金额										
月	日			亿	千	百	十	万	千	百	十	元	角	分		亿	千	百	十	万	千	百	十	元	角	分			亿	千	百	十	万	千	百	十	元	角	分

科目名称

总第　页　分第　页

产品或编号

年		凭证号	摘要	借方金额											√	贷方金额											√	借或贷	金额										
月	日			亿	千	百	十	万	千	百	十	元	角	分		亿	千	百	十	万	千	百	十	元	角	分			亿	千	百	十	万	千	百	十	元	角	分

科目名称

总第　页　分第　页

产品或编号

年		凭证号	摘要	借方金额											√	贷方金额											√	借或贷	金额										
月	日			亿	千	百	十	万	千	百	十	元	角	分		亿	千	百	十	万	千	百	十	元	角	分			亿	千	百	十	万	千	百	十	元	角	分

总第　　页　　分第　　页

产品或编号

科目名称

年		凭证号	摘要	借方金额											√	贷方金额											√	借或贷	金额										
月	日			亿	千	百	十	万	千	百	十	元	角	分		亿	千	百	十	万	千	百	十	元	角	分			亿	千	百	十	万	千	百	十	元	角	分

总第　　页　　分第　　页

产品或编号

科目名称

年		凭证号	摘要	借方金额											√	贷方金额											√	借或贷	金额										
月	日			亿	千	百	十	万	千	百	十	元	角	分		亿	千	百	十	万	千	百	十	元	角	分			亿	千	百	十	万	千	百	十	元	角	分

科目名称

总第　　页　　分第　　页

产品或编号

年		凭证号	摘要	借方金额											√	贷方金额											√	借或贷	金额										
月	日			亿	千	百	十	万	千	百	十	元	角	分		亿	千	百	十	万	千	百	十	元	角	分			亿	千	百	十	万	千	百	十	元	角	分

科目名称

总第　　页　　分第　　页

产品或编号

年		凭证号	摘要	借方金额											√	贷方金额											√	借或贷	金额										
月	日			亿	千	百	十	万	千	百	十	元	角	分		亿	千	百	十	万	千	百	十	元	角	分			亿	千	百	十	万	千	百	十	元	角	分

科目名称

总第　　页　　分第　　页

产品或编号

年		凭证号	摘要	借方金额											√	贷方金额											√	借或贷	金额										
月	日			亿	千	百	十	万	千	百	十	元	角	分		亿	千	百	十	万	千	百	十	元	角	分			亿	千	百	十	万	千	百	十	元	角	分

科目名称

总第　　页　　分第　　页

产品或编号

年		凭证号	摘要	借方金额											√	贷方金额											√	借或贷	金额										
月	日			亿	千	百	十	万	千	百	十	元	角	分		亿	千	百	十	万	千	百	十	元	角	分			亿	千	百	十	万	千	百	十	元	角	分

科目名称

总第　　页　　分第　　页

产品或编号

年		凭证号	摘 要	借方金额											√	贷方金额											√	借或贷	金额										
月	日			亿	千	百	十	万	千	百	十	元	角	分		亿	千	百	十	万	千	百	十	元	角	分			亿	千	百	十	万	千	百	十	元	角	分

科目名称

总第　　页　　分第　　页

产品或编号

年		凭证号	摘 要	借方金额											√	贷方金额											√	借或贷	金额										
月	日			亿	千	百	十	万	千	百	十	元	角	分		亿	千	百	十	万	千	百	十	元	角	分			亿	千	百	十	万	千	百	十	元	角	分

科目名称

总第　　页　　分第　　页

产品或编号

年		凭证号	摘要	借方金额											√	贷方金额											√	借或贷	金额										
月	日			亿	千	百	十	万	千	百	十	元	角	分		亿	千	百	十	万	千	百	十	元	角	分			亿	千	百	十	万	千	百	十	元	角	分

科目名称

总第　　页　　分第　　页

产品或编号

年		凭证号	摘要	借方金额											√	贷方金额											√	借或贷	金额										
月	日			亿	千	百	十	万	千	百	十	元	角	分		亿	千	百	十	万	千	百	十	元	角	分			亿	千	百	十	万	千	百	十	元	角	分

科目名称

总第　　页　　分第　　页

产品或编号

年		凭证号	摘要	借方金额											√	贷方金额											√	借或贷	金额										
月	日			亿	千	百	十	万	千	百	十	元	角	分		亿	千	百	十	万	千	百	十	元	角	分			亿	千	百	十	万	千	百	十	元	角	分

科目名称

总第　　页　　分第　　页

产品或编号

年		凭证号	摘要	借方金额											√	贷方金额											√	借或贷	金额										
月	日			亿	千	百	十	万	千	百	十	元	角	分		亿	千	百	十	万	千	百	十	元	角	分			亿	千	百	十	万	千	百	十	元	角	分

科目名称

总第 页 分第 页

产品或编号

年		凭证号	摘要	借方金额											√	贷方金额											√	借或贷	金额										
月	日			亿	千	百	十	万	千	百	十	元	角	分		亿	千	百	十	万	千	百	十	元	角	分			亿	千	百	十	万	千	百	十	元	角	分

科目名称

总第 页 分第 页

产品或编号

年		凭证号	摘要	借方金额											√	贷方金额											√	借或贷	金额										
月	日			亿	千	百	十	万	千	百	十	元	角	分		亿	千	百	十	万	千	百	十	元	角	分			亿	千	百	十	万	千	百	十	元	角	分

科目名称

总第　　页　　分第　　页

产品或编号

年		凭证号	摘　要	借方金额											√	贷方金额											√	借或贷	金额										
月	日			亿	千	百	十	万	千	百	十	元	角	分		亿	千	百	十	万	千	百	十	元	角	分			亿	千	百	十	万	千	百	十	元	角	分

科目名称

总第　　页　　分第　　页

产品或编号

年		凭证号	摘　要	借方金额											√	贷方金额											√	借或贷	金额										
月	日			亿	千	百	十	万	千	百	十	元	角	分		亿	千	百	十	万	千	百	十	元	角	分			亿	千	百	十	万	千	百	十	元	角	分

科目名称

总第　　页　　分第　　页

产品或编号

年		凭证号	摘　要	借方金额											√	贷方金额											√	借或贷	金额										
月	日			亿	千	百	十	万	千	百	十	元	角	分		亿	千	百	十	万	千	百	十	元	角	分			亿	千	百	十	万	千	百	十	元	角	分

科目名称

总第　　页　　分第　　页

产品或编号

年		凭证号	摘　要	借方金额											√	贷方金额											√	借或贷	金额										
月	日			亿	千	百	十	万	千	百	十	元	角	分		亿	千	百	十	万	千	百	十	元	角	分			亿	千	百	十	万	千	百	十	元	角	分

科目名称

总第　　页　　分第　　页

产品或编号

年		凭证号	摘要	借方金额											√	贷方金额											√	借或贷	金额										
月	日			亿	千	百	十	万	千	百	十	元	角	分		亿	千	百	十	万	千	百	十	元	角	分			亿	千	百	十	万	千	百	十	元	角	分

科目名称

总第　　页　　分第　　页

产品或编号

年		凭证号	摘要	借方金额											√	贷方金额											√	借或贷	金额										
月	日			亿	千	百	十	万	千	百	十	元	角	分		亿	千	百	十	万	千	百	十	元	角	分			亿	千	百	十	万	千	百	十	元	角	分

科目名称

总第　页　分第　页

产品或编号

年		凭证号	摘 要	借方金额											√	贷方金额											√	借或贷	金额										
月	日			亿	千	百	十	万	千	百	十	元	角	分		亿	千	百	十	万	千	百	十	元	角	分			亿	千	百	十	万	千	百	十	元	角	分

科目名称

总第　页　分第　页

产品或编号

年		凭证号	摘 要	借方金额											√	贷方金额											√	借或贷	金额										
月	日			亿	千	百	十	万	千	百	十	元	角	分		亿	千	百	十	万	千	百	十	元	角	分			亿	千	百	十	万	千	百	十	元	角	分

科目名称

总第　　页　　分第　　页

产品或编号

年		凭证号	摘要	借方金额											√	贷方金额											√	借或贷	金额										
月	日			亿	千	百	十	万	千	百	十	元	角	分		亿	千	百	十	万	千	百	十	元	角	分			亿	千	百	十	万	千	百	十	元	角	分

科目名称

总第　　页　　分第　　页

产品或编号

年		凭证号	摘要	借方金额											√	贷方金额											√	借或贷	金额										
月	日			亿	千	百	十	万	千	百	十	元	角	分		亿	千	百	十	万	千	百	十	元	角	分			亿	千	百	十	万	千	百	十	元	角	分

科目名称

总第　　页　　分第　　页

产品或编号

年		凭证号	摘要	借方金额											√	贷方金额											√	借或贷	金额										
月	日			亿	千	百	十	万	千	百	十	元	角	分		亿	千	百	十	万	千	百	十	元	角	分			亿	千	百	十	万	千	百	十	元	角	分

科目名称

总第　　页　　分第　　页

产品或编号

年		凭证号	摘要	借方金额											√	贷方金额											√	借或贷	金额										
月	日			亿	千	百	十	万	千	百	十	元	角	分		亿	千	百	十	万	千	百	十	元	角	分			亿	千	百	十	万	千	百	十	元	角	分

科目名称

总第　　页　　分第　　页

产品或编号

年		凭证号	摘要	借方金额											√	贷方金额											√	借或贷	金额										
月	日			亿	千	百	十	万	千	百	十	元	角	分		亿	千	百	十	万	千	百	十	元	角	分			亿	千	百	十	万	千	百	十	元	角	分

科目名称

总第　　页　　分第　　页

产品或编号

年		凭证号	摘要	借方金额											√	贷方金额											√	借或贷	金额										
月	日			亿	千	百	十	万	千	百	十	元	角	分		亿	千	百	十	万	千	百	十	元	角	分			亿	千	百	十	万	千	百	十	元	角	分

科目名称

总第　　页　分第　　页

产品或编号

年		凭证号	摘要	借方金额											√	贷方金额											√	借或贷	金额										
月	日			亿	千	百	十	万	千	百	十	元	角	分		亿	千	百	十	万	千	百	十	元	角	分			亿	千	百	十	万	千	百	十	元	角	分

科目名称

总第　　页　分第　　页

产品或编号

年		凭证号	摘要	借方金额											√	贷方金额											√	借或贷	金额										
月	日			亿	千	百	十	万	千	百	十	元	角	分		亿	千	百	十	万	千	百	十	元	角	分			亿	千	百	十	万	千	百	十	元	角	分

科目名称

总第　页　分第　页

产品或编号

年		凭证号	摘要	借方金额											√	贷方金额											√	借或贷	金额										
月	日			亿	千	百	十	万	千	百	十	元	角	分		亿	千	百	十	万	千	百	十	元	角	分			亿	千	百	十	万	千	百	十	元	角	分

科目名称

总第　页　分第　页

产品或编号

年		凭证号	摘要	借方金额											√	贷方金额											√	借或贷	金额										
月	日			亿	千	百	十	万	千	百	十	元	角	分		亿	千	百	十	万	千	百	十	元	角	分			亿	千	百	十	万	千	百	十	元	角	分

科目名称

总第　　页　　分第　　页

产品或编号

年		凭证号	摘要	借方金额											√	贷方金额											√	借或贷	金额										
月	日			亿	千	百	十	万	千	百	十	元	角	分		亿	千	百	十	万	千	百	十	元	角	分			亿	千	百	十	万	千	百	十	元	角	分

科目名称

总第　　页　　分第　　页

产品或编号

年		凭证号	摘要	借方金额											√	贷方金额											√	借或贷	金额										
月	日			亿	千	百	十	万	千	百	十	元	角	分		亿	千	百	十	万	千	百	十	元	角	分			亿	千	百	十	万	千	百	十	元	角	分

科目名称

总第　　页　　分第　　页

产品或编号

年		凭证号	摘要	借方金额											√	贷方金额											√	借或贷	金额										
月	日			亿	千	百	十	万	千	百	十	元	角	分		亿	千	百	十	万	千	百	十	元	角	分			亿	千	百	十	万	千	百	十	元	角	分

科目名称

总第　　页　　分第　　页

产品或编号

年		凭证号	摘要	借方金额											√	贷方金额											√	借或贷	金额										
月	日			亿	千	百	十	万	千	百	十	元	角	分		亿	千	百	十	万	千	百	十	元	角	分			亿	千	百	十	万	千	百	十	元	角	分

科目名称

总第　页　分第　页

产品或编号

年		凭证号	摘要	借方金额											√	贷方金额											√	借或贷	金额										
月	日			亿	千	百	十	万	千	百	十	元	角	分		亿	千	百	十	万	千	百	十	元	角	分			亿	千	百	十	万	千	百	十	元	角	分

科目名称

总第　页　分第　页

产品或编号

年		凭证号	摘要	借方金额											√	贷方金额											√	借或贷	金额										
月	日			亿	千	百	十	万	千	百	十	元	角	分		亿	千	百	十	万	千	百	十	元	角	分			亿	千	百	十	万	千	百	十	元	角	分

科目名称

总第　　页　　分第　　页

产品或编号

年		凭证号	摘要	借方金额											√	贷方金额											√	借或贷	金额										
月	日			亿	千	百	十	万	千	百	十	元	角	分		亿	千	百	十	万	千	百	十	元	角	分			亿	千	百	十	万	千	百	十	元	角	分

科目名称

总第　　页　　分第　　页

产品或编号

年		凭证号	摘要	借方金额											√	贷方金额											√	借或贷	金额										
月	日			亿	千	百	十	万	千	百	十	元	角	分		亿	千	百	十	万	千	百	十	元	角	分			亿	千	百	十	万	千	百	十	元	角	分

科目名称

总第　　页　　分第　　页

产品或编号

年		凭证号	摘要	借方金额											√	贷方金额											√	借或贷	金额										
月	日			亿	千	百	十	万	千	百	十	元	角	分		亿	千	百	十	万	千	百	十	元	角	分			亿	千	百	十	万	千	百	十	元	角	分

科目名称

总第　　页　　分第　　页

产品或编号

年		凭证号	摘要	借方金额											√	贷方金额											√	借或贷	金额										
月	日			亿	千	百	十	万	千	百	十	元	角	分		亿	千	百	十	万	千	百	十	元	角	分			亿	千	百	十	万	千	百	十	元	角	分

科目名称

总第　　页　　分第　　页

产品或编号

年		凭证号	摘要	借方金额											√	贷方金额											√	借或贷	金额										
月	日			亿	千	百	十	万	千	百	十	元	角	分		亿	千	百	十	万	千	百	十	元	角	分			亿	千	百	十	万	千	百	十	元	角	分

科目名称

总第　　页　　分第　　页

产品或编号

年		凭证号	摘要	借方金额											√	贷方金额											√	借或贷	金额										
月	日			亿	千	百	十	万	千	百	十	元	角	分		亿	千	百	十	万	千	百	十	元	角	分			亿	千	百	十	万	千	百	十	元	角	分

科目名称

总第　　页　分第　　页

产品或编号

年		凭证号	摘要	借方金额											√	贷方金额											√	借或贷	金额										
月	日			亿	千	百	十	万	千	百	十	元	角	分		亿	千	百	十	万	千	百	十	元	角	分			亿	千	百	十	万	千	百	十	元	角	分

科目名称

总第　　页　分第　　页

产品或编号

年		凭证号	摘要	借方金额											√	贷方金额											√	借或贷	金额										
月	日			亿	千	百	十	万	千	百	十	元	角	分		亿	千	百	十	万	千	百	十	元	角	分			亿	千	百	十	万	千	百	十	元	角	分

科目名称

总第　　页　　分第　　页

产品或编号

年		凭证号	摘　要	借方金额											√	贷方金额											√	借或贷	金额										
月	日			亿	千	百	十	万	千	百	十	元	角	分		亿	千	百	十	万	千	百	十	元	角	分			亿	千	百	十	万	千	百	十	元	角	分

科目名称

总第　　页　　分第　　页

产品或编号

年		凭证号	摘　要	借方金额											√	贷方金额											√	借或贷	金额										
月	日			亿	千	百	十	万	千	百	十	元	角	分		亿	千	百	十	万	千	百	十	元	角	分			亿	千	百	十	万	千	百	十	元	角	分

科目名称

总第　　页　分第　　页

产品或编号

年		凭证号	摘要	借方金额											√	贷方金额											√	借或贷	金额										
月	日			亿	千	百	十	万	千	百	十	元	角	分		亿	千	百	十	万	千	百	十	元	角	分			亿	千	百	十	万	千	百	十	元	角	分

科目名称

总第　　页　分第　　页

产品或编号

年		凭证号	摘要	借方金额											√	贷方金额											√	借或贷	金额										
月	日			亿	千	百	十	万	千	百	十	元	角	分		亿	千	百	十	万	千	百	十	元	角	分			亿	千	百	十	万	千	百	十	元	角	分

科目名称

总第　　页　　分第　　页

产品或编号

年		凭证号	摘要	借方金额											√	贷方金额											√	借或贷	金额										
月	日			亿	千	百	十	万	千	百	十	元	角	分		亿	千	百	十	万	千	百	十	元	角	分			亿	千	百	十	万	千	百	十	元	角	分

科目名称

总第　　页　　分第　　页

产品或编号

年		凭证号	摘要	借方金额											√	贷方金额											√	借或贷	金额										
月	日			亿	千	百	十	万	千	百	十	元	角	分		亿	千	百	十	万	千	百	十	元	角	分			亿	千	百	十	万	千	百	十	元	角	分

明细账

总页………………　分页……………………

存储地点…………………………………………　最高存量……………　最低存量…………　计量单位……………　货名 ________________

年		凭证号	摘要	收入（借方）												发出（贷方）												结余											
						金额												金额												金额									
月	日			数量	单价	千	百	十	万	千	百	十	元	角	分	数量	单价	千	百	十	万	千	百	十	元	角	分	数量	单价	千	百	十	万	千	百	十	元	角	分

明细账

总页………………　分页……………………

存储地点…………………………………………　最高存量……………　最低存量…………　计量单位……………　货名 ________________

年		凭证号	摘要	收入（借方）												发出（贷方）												结余											
						金额												金额												金额									
月	日			数量	单价	千	百	十	万	千	百	十	元	角	分	数量	单价	千	百	十	万	千	百	十	元	角	分	数量	单价	千	百	十	万	千	百	十	元	角	分

明细账

总页…………　分页…………

存储地点…………　最高存量…………　最低存量…………　计量单位…………　货名＿＿＿＿

年		凭证号	摘要	收入（借方）												发出（贷方）												结余											
				数量	单价	金额										数量	单价	金额										数量	单价	金额									
月	日					千	百	十	万	千	百	十	元	角	分			千	百	十	万	千	百	十	元	角	分			千	百	十	万	千	百	十	元	角	分

明细账

总页…………　分页…………

存储地点…………　最高存量…………　最低存量…………　计量单位…………　货名＿＿＿＿

年		凭证号	摘要	收入（借方）												发出（贷方）												结余											
				数量	单价	金额										数量	单价	金额										数量	单价	金额									
月	日					千	百	十	万	千	百	十	元	角	分			千	百	十	万	千	百	十	元	角	分			千	百	十	万	千	百	十	元	角	分

明细账

总页………………　分页……………………

存储地点………………………………………………　最高存量……………　最低存量…………　计量单位……………　货名 ____________________

年		凭证号	摘要	收入（借方）												发出（贷方）												结余											
						金额												金额												金额									
月	日			数量	单价	千	百	十	万	千	百	十	元	角	分	数量	单价	千	百	十	万	千	百	十	元	角	分	数量	单价	千	百	十	万	千	百	十	元	角	分

明细账

总页………………　分页……………………

存储地点………………………………………………　最高存量……………　最低存量…………　计量单位……………　货名 ____________________

年		凭证号	摘要	收入（借方）												发出（贷方）												结余											
						金额												金额												金额									
月	日			数量	单价	千	百	十	万	千	百	十	元	角	分	数量	单价	千	百	十	万	千	百	十	元	角	分	数量	单价	千	百	十	万	千	百	十	元	角	分

明细账

总页……………… 分页………………

存储地点…………………………………… 最高存量…………… 最低存量………… 计量单位…………… 货名

年		凭证号	摘要	收入（借方）												发出（贷方）												结余											
月	日			数量	单价	金额										数量	单价	金额										数量	单价	金额									
						千	百	十	万	千	百	十	元	角	分			千	百	十	万	千	百	十	元	角	分			千	百	十	万	千	百	十	元	角	分

明细账

总页……………… 分页………………

存储地点…………………………………… 最高存量…………… 最低存量………… 计量单位…………… 货名

年		凭证号	摘要	收入（借方）												发出（贷方）												结余											
月	日			数量	单价	金额										数量	单价	金额										数量	单价	金额									
						千	百	十	万	千	百	十	元	角	分			千	百	十	万	千	百	十	元	角	分			千	百	十	万	千	百	十	元	角	分

明细账

总页…………………　分页…………………………

存储地点……………………………………………　最高存量……………　最低存量…………　计量单位……………　货名 ____________

年		凭证号	摘要	收入（借方）												发出（贷方）												结余											
				数量	单价	金额										数量	单价	金额										数量	单价	金额									
月	日					千	百	十	万	千	百	十	元	角	分			千	百	十	万	千	百	十	元	角	分			千	百	十	万	千	百	十	元	角	分

明细账

总页…………………　分页…………………………

存储地点……………………………………………　最高存量……………　最低存量…………　计量单位……………　货名 ____________

年		凭证号	摘要	收入（借方）												发出（贷方）												结余											
				数量	单价	金额										数量	单价	金额										数量	单价	金额									
月	日					千	百	十	万	千	百	十	元	角	分			千	百	十	万	千	百	十	元	角	分			千	百	十	万	千	百	十	元	角	分

明细账

总页……………… 分页……………………

存储地点…………………………………………… 最高存量…………… 最低存量………… 计量单位…………… 货名 ______________________

年		凭证号	摘要	收入（借方）												发出（贷方）												结余											
月	日			数量	单价	金额										数量	单价	金额										数量	单价	金额									
						千	百	十	万	千	百	十	元	角	分			千	百	十	万	千	百	十	元	角	分			千	百	十	万	千	百	十	元	角	分

明细账

总页……………… 分页……………………

存储地点…………………………………………… 最高存量…………… 最低存量………… 计量单位…………… 货名 ______________________

年		凭证号	摘要	收入（借方）												发出（贷方）												结余											
月	日			数量	单价	金额										数量	单价	金额										数量	单价	金额									
						千	百	十	万	千	百	十	元	角	分			千	百	十	万	千	百	十	元	角	分			千	百	十	万	千	百	十	元	角	分

明细账

总页…………　分页…………

存储地点…………　最高存量…………　最低存量…………　计量单位…………　货名______

年		凭证号	摘要	收入（借方）												发出（贷方）												结余											
				数量	单价	金额										数量	单价	金额										数量	单价	金额									
月	日					千	百	十	万	千	百	十	元	角	分			千	百	十	万	千	百	十	元	角	分			千	百	十	万	千	百	十	元	角	分

明细账

总页…………　分页…………

存储地点…………　最高存量…………　最低存量…………　计量单位…………　货名______

年		凭证号	摘要	收入（借方）												发出（贷方）												结余											
				数量	单价	金额										数量	单价	金额										数量	单价	金额									
月	日					千	百	十	万	千	百	十	元	角	分			千	百	十	万	千	百	十	元	角	分			千	百	十	万	千	百	十	元	角	分

明细账

总页…………………　分页……………………

存储地点……………………………………　最高存量……………　最低存量…………　计量单位……………　货名＿＿＿＿＿＿

年		凭证号	摘要	收入（借方）												发出（贷方）												结余											
月	日			数量	单价	金额										数量	单价	金额										数量	单价	金额									
						千	百	十	万	千	百	十	元	角	分			千	百	十	万	千	百	十	元	角	分			千	百	十	万	千	百	十	元	角	分

明细账

总页…………………　分页……………………

存储地点……………………………………　最高存量……………　最低存量…………　计量单位……………　货名＿＿＿＿＿＿

年		凭证号	摘要	收入（借方）												发出（贷方）												结余											
月	日			数量	单价	金额										数量	单价	金额										数量	单价	金额									
						千	百	十	万	千	百	十	元	角	分			千	百	十	万	千	百	十	元	角	分			千	百	十	万	千	百	十	元	角	分

明细账

总页………………　分页………………………

存储地点………………………………………　最高存量……………　最低存量…………　计量单位……………　货名 ____________________

年		凭证号	摘要	收入（借方）												发出（贷方）												结余											
				数量	单价	金额										数量	单价	金额										数量	单价	金额									
月	日					千	百	十	万	千	百	十	元	角	分			千	百	十	万	千	百	十	元	角	分			千	百	十	万	千	百	十	元	角	分

明细账

总页………………　分页………………………

存储地点………………………………………　最高存量……………　最低存量…………　计量单位……………　货名 ____________________

年		凭证号	摘要	收入（借方）												发出（贷方）												结余											
				数量	单价	金额										数量	单价	金额										数量	单价	金额									
月	日					千	百	十	万	千	百	十	元	角	分			千	百	十	万	千	百	十	元	角	分			千	百	十	万	千	百	十	元	角	分

明细账

总页…………………　分页…………………

存储地点……………………………………　最高存量……………　最低存量……………　计量单位……………　货名 ____________

年		凭证号	摘要	收入（借方）												发出（贷方）												结余											
				数量	单价	金额										数量	单价	金额										数量	单价	金额									
月	日					千	百	十	万	千	百	十	元	角	分			千	百	十	万	千	百	十	元	角	分			千	百	十	万	千	百	十	元	角	分

明细账

总页…………………　分页…………………

存储地点……………………………………　最高存量……………　最低存量……………　计量单位……………　货名 ____________

年		凭证号	摘要	收入（借方）												发出（贷方）												结余											
				数量	单价	金额										数量	单价	金额										数量	单价	金额									
月	日					千	百	十	万	千	百	十	元	角	分			千	百	十	万	千	百	十	元	角	分			千	百	十	万	千	百	十	元	角	分

明细账

总页…………　分页…………

存储地点…………　最高存量…………　最低存量…………　计量单位…………　货名＿＿＿＿

年		凭证号	摘要	收入（借方）												发出（贷方）												结余											
				数量	单价	金额										数量	单价	金额										数量	单价	金额									
月	日					千	百	十	万	千	百	十	元	角	分			千	百	十	万	千	百	十	元	角	分			千	百	十	万	千	百	十	元	角	分

明细账

总页…………　分页…………

存储地点…………　最高存量…………　最低存量…………　计量单位…………　货名＿＿＿＿

年		凭证号	摘要	收入（借方）												发出（贷方）												结余											
				数量	单价	金额										数量	单价	金额										数量	单价	金额									
月	日					千	百	十	万	千	百	十	元	角	分			千	百	十	万	千	百	十	元	角	分			千	百	十	万	千	百	十	元	角	分

明细账

总页………………　分页………………………

存储地点………………………………………　最高存量……………　最低存量…………　计量单位……………　货名 ____________

年		凭证号	摘要	收入（借方）												发出（贷方）												结余											
				数量	单价	金额										数量	单价	金额										数量	单价	金额									
月	日					千	百	十	万	千	百	十	元	角	分			千	百	十	万	千	百	十	元	角	分			千	百	十	万	千	百	十	元	角	分

明细账

总页………………　分页………………………

存储地点………………………………………　最高存量……………　最低存量…………　计量单位……………　货名 ____________

年		凭证号	摘要	收入（借方）												发出（贷方）												结余											
				数量	单价	金额										数量	单价	金额										数量	单价	金额									
月	日					千	百	十	万	千	百	十	元	角	分			千	百	十	万	千	百	十	元	角	分			千	百	十	万	千	百	十	元	角	分

明细账

总页…………　分页…………

存储地点…………　最高存量…………　最低存量…………　计量单位…………　货名 ________

年		凭证号	摘要	收入（借方）												发出（贷方）												结余											
				数量	单价	金额										数量	单价	金额										数量	单价	金额									
月	日					千	百	十	万	千	百	十	元	角	分			千	百	十	万	千	百	十	元	角	分			千	百	十	万	千	百	十	元	角	分

明细账

总页…………　分页…………

存储地点…………　最高存量…………　最低存量…………　计量单位…………　货名 ________

年		凭证号	摘要	收入（借方）												发出（贷方）												结余											
				数量	单价	金额										数量	单价	金额										数量	单价	金额									
月	日					千	百	十	万	千	百	十	元	角	分			千	百	十	万	千	百	十	元	角	分			千	百	十	万	千	百	十	元	角	分

明细账

总页…………　分页…………

存储地点…………　最高存量…………　最低存量…………　计量单位…………　货名

年		凭证号	摘要	收入（借方）												发出（贷方）												结余											
月	日			数量	单价	金额										数量	单价	金额										数量	单价	金额									
						千	百	十	万	千	百	十	元	角	分			千	百	十	万	千	百	十	元	角	分			千	百	十	万	千	百	十	元	角	分

明细账

总页…………　分页…………

存储地点…………　最高存量…………　最低存量…………　计量单位…………　货名

年		凭证号	摘要	收入（借方）												发出（贷方）												结余											
月	日			数量	单价	金额										数量	单价	金额										数量	单价	金额									
						千	百	十	万	千	百	十	元	角	分			千	百	十	万	千	百	十	元	角	分			千	百	十	万	千	百	十	元	角	分

应交税费——应交增值税 明细账

年		凭证号数	摘 要	借方发生额				贷方发生额			借或贷	余额
月	日			进项税额	已交税金	转出未交增值税	合计	销项税额	转出多交增值税	合计		

应交税费——应交增值税　明细账

年		凭证号数	摘要	借方发生额				贷方发生额			借或贷	余额
月	日			进项税额	已交税金	转出未交增值税	合计	销项税额	转出多交增值税	合计		

管理费用

年		凭证	摘要	对应科目																																																											
月	日	号数			千	百	十	万	千	百	十	元	角	分	千	百	十	万	千	百	十	元	角	分	千	百	十	万	千	百	十	元	角	分	千	百	十	万	千	百	十	元	角	分	千	百	十	万	千	百	十	元	角	分	千	百	十	万	千	百	十	元	角	分

千	百	十	万	千	百	十	元	角	分	千	百	十	万	千	百	十	元	角	分	千	百	十	万	千	百	十	元	角	分	千	百	十	万	千	百	十	元	角	分	千	百	十	万	千	百	十	元	角	分	千	百	十	万	千	百	十	元	角	分	千	百	十	万	千	百	十	元	角	分

财务费用

年		凭证号数	摘要	对应科目																																																						
月	日				百	十	万	千	百	十	元	角	分	百	十	万	千	百	十	元	角	分	百	十	万	千	百	十	元	角	分	百	十	万	千	百	十	元	角	分	百	十	万	千	百	十	元	角	分	百	十	万	千	百	十	元	角	分

销售费用

年		凭证号数	摘　要	对应科目																																																						
月	日				百	十	万	千	百	十	元	角	分	百	十	万	千	百	十	元	角	分	百	十	万	千	百	十	元	角	分	百	十	万	千	百	十	元	角	分	百	十	万	千	百	十	元	角	分	百	十	万	千	百	十	元	角	分

制造费用

年		凭证	摘要	对应科目																																																					
月	日	号数			百	十	万	千	百	十	元	角	分	百	十	万	千	百	十	元	角	分	百	十	万	千	百	十	元	角	分	百	十	万	千	百	十	元	角	分	百	十	万	千	百	十	元	角	分	百	十	万	千	百	十	元	角	分

制造费用

年		凭证号数	摘要	对应科目																																																					
月	日				百	十	万	千	百	十	元	角	分	百	十	万	千	百	十	元	角	分	百	十	万	千	百	十	元	角	分	百	十	万	千	百	十	元	角	分	百	十	万	千	百	十	元	角	分	百	十	万	千	百	十	元	角	分

生产成本明细分类账

产品名称____________

年		凭证号	摘要	直接材料										动力费										直接工资										制造费用										合计									
月	日			千	百	十	万	千	百	十	元	角	分	千	百	十	万	千	百	十	元	角	分	千	百	十	万	千	百	十	元	角	分	千	百	十	万	千	百	十	元	角	分	千	百	十	万	千	百	十	元	角	分

生产成本明细分类账

产品名称

年		凭证号	摘要	直接材料										动力费										直接工资										制造费用										合计									
月	日			千	百	十	万	千	百	十	元	角	分	千	百	十	万	千	百	十	元	角	分	千	百	十	万	千	百	十	元	角	分	千	百	十	万	千	百	十	元	角	分	千	百	十	万	千	百	十	元	角	分

生产成本明细分类账

产品名称______

年		凭证号	摘要	直接材料										动力费										直接工资										制造费用										合计									
月	日			千	百	十	万	千	百	十	元	角	分	千	百	十	万	千	百	十	元	角	分	千	百	十	万	千	百	十	元	角	分	千	百	十	万	千	百	十	元	角	分	千	百	十	万	千	百	十	元	角	分

总账

第 1 页

年		凭证		摘要	日页	借方金额											贷方金额											借或贷	金额										
月	日	种类	号数			亿	千	百	十	万	千	百	十	元	角	分	亿	千	百	十	万	千	百	十	元	角	分		亿	千	百	十	万	千	百	十	元	角	分

财会主管

总账

第 2 页

年		凭证		摘要	日页	借方金额											贷方金额											借或贷	金额										
月	日	种类	号数			亿	千	百	十	万	千	百	十	元	角	分	亿	千	百	十	万	千	百	十	元	角	分		亿	千	百	十	万	千	百	十	元	角	分

财会主管

总账

年		凭证		摘要	日页	借方金额											贷方金额											借或贷	金额										
月	日	种类	号数			亿	千	百	十	万	千	百	十	元	角	分	亿	千	百	十	万	千	百	十	元	角	分		亿	千	百	十	万	千	百	十	元	角	分

财会主管

总账

年		凭证		摘要	日页	借方金额											贷方金额											借或贷	金额										
月	日	种类	号数			亿	千	百	十	万	千	百	十	元	角	分	亿	千	百	十	万	千	百	十	元	角	分		亿	千	百	十	万	千	百	十	元	角	分

财会主管

总账

年		凭证		摘要	日页	借方金额											贷方金额											借或贷	金额										
月	日	种类	号数			亿	千	百	十	万	千	百	十	元	角	分	亿	千	百	十	万	千	百	十	元	角	分		亿	千	百	十	万	千	百	十	元	角	分

财会主管

总账

年		凭证		摘要	日页	借方金额											贷方金额											借或贷	金额										
月	日	种类	号数			亿	千	百	十	万	千	百	十	元	角	分	亿	千	百	十	万	千	百	十	元	角	分		亿	千	百	十	万	千	百	十	元	角	分

财会主管

总 账

第 7 页

年		凭证		摘要	日页	借方金额											贷方金额											借或贷	金额										
月	日	种类	号数			亿	千	百	十	万	千	百	十	元	角	分	亿	千	百	十	万	千	百	十	元	角	分		亿	千	百	十	万	千	百	十	元	角	分

财会主管

总 账

第 8 页

年		凭证		摘要	日页	借方金额											贷方金额											借或贷	金额										
月	日	种类	号数			亿	千	百	十	万	千	百	十	元	角	分	亿	千	百	十	万	千	百	十	元	角	分		亿	千	百	十	万	千	百	十	元	角	分

财会主管

总 账

年		凭证		摘 要	日	借方金额											贷方金额											借或贷	金额										
月	日	种类	号数		页	亿	千	百	十	万	千	百	十	元	角	分	亿	千	百	十	万	千	百	十	元	角	分		亿	千	百	十	万	千	百	十	元	角	分

财会主管

总 账

年		凭证		摘 要	日	借方金额											贷方金额											借或贷	金额										
月	日	种类	号数		页	亿	千	百	十	万	千	百	十	元	角	分	亿	千	百	十	万	千	百	十	元	角	分		亿	千	百	十	万	千	百	十	元	角	分

财会主管

总 账

第 11 页

年		凭证		摘要	日页	借方金额											贷方金额											借或贷	金额										
月	日	种类	号数			亿	千	百	十	万	千	百	十	元	角	分	亿	千	百	十	万	千	百	十	元	角	分		亿	千	百	十	万	千	百	十	元	角	分

财会主管

总 账

第 12 页

年		凭证		摘要	日页	借方金额											贷方金额											借或贷	金额										
月	日	种类	号数			亿	千	百	十	万	千	百	十	元	角	分	亿	千	百	十	万	千	百	十	元	角	分		亿	千	百	十	万	千	百	十	元	角	分

财会主管

总账

年		凭证		摘要	日页	借方金额											贷方金额											借或贷	金额										
月	日	种类	号数			亿	千	百	十	万	千	百	十	元	角	分	亿	千	百	十	万	千	百	十	元	角	分		亿	千	百	十	万	千	百	十	元	角	分

财会主管

总账

年		凭证		摘要	日页	借方金额											贷方金额											借或贷	金额										
月	日	种类	号数			亿	千	百	十	万	千	百	十	元	角	分	亿	千	百	十	万	千	百	十	元	角	分		亿	千	百	十	万	千	百	十	元	角	分

财会主管

总 账

第 15 页

年		凭证		摘要	日页	借方金额											贷方金额											借或贷	金额										
月	日	种类	号数			亿	千	百	十	万	千	百	十	元	角	分	亿	千	百	十	万	千	百	十	元	角	分		亿	千	百	十	万	千	百	十	元	角	分

财会主管

总 账

第 16 页

年		凭证		摘要	日页	借方金额											贷方金额											借或贷	金额										
月	日	种类	号数			亿	千	百	十	万	千	百	十	元	角	分	亿	千	百	十	万	千	百	十	元	角	分		亿	千	百	十	万	千	百	十	元	角	分

财会主管

总账

年		凭证		摘要	日页	借方金额											贷方金额											借或贷	金额										
月	日	种类	号数			亿	千	百	十	万	千	百	十	元	角	分	亿	千	百	十	万	千	百	十	元	角	分		亿	千	百	十	万	千	百	十	元	角	分

财会主管

总账

年		凭证		摘要	日页	借方金额											贷方金额											借或贷	金额										
月	日	种类	号数			亿	千	百	十	万	千	百	十	元	角	分	亿	千	百	十	万	千	百	十	元	角	分		亿	千	百	十	万	千	百	十	元	角	分

财会主管

总 账

年		凭证		摘要	日页	借方金额											贷方金额											借或贷	金额										
月	日	种类	号数			亿	千	百	十	万	千	百	十	元	角	分	亿	千	百	十	万	千	百	十	元	角	分		亿	千	百	十	万	千	百	十	元	角	分

财会主管

总 账

年		凭证		摘要	日页	借方金额											贷方金额											借或贷	金额										
月	日	种类	号数			亿	千	百	十	万	千	百	十	元	角	分	亿	千	百	十	万	千	百	十	元	角	分		亿	千	百	十	万	千	百	十	元	角	分

财会主管

总账

年		凭证		摘要	日页	借方金额											贷方金额											借或贷	金额										
月	日	种类	号数			亿	千	百	十	万	千	百	十	元	角	分	亿	千	百	十	万	千	百	十	元	角	分		亿	千	百	十	万	千	百	十	元	角	分

财会主管

总账

年		凭证		摘要	日页	借方金额											贷方金额											借或贷	金额										
月	日	种类	号数			亿	千	百	十	万	千	百	十	元	角	分	亿	千	百	十	万	千	百	十	元	角	分		亿	千	百	十	万	千	百	十	元	角	分

财会主管

总 账

年		凭证		摘要	日页	借方金额											贷方金额											借或贷	金额										
月	日	种类	号数			亿	千	百	十	万	千	百	十	元	角	分	亿	千	百	十	万	千	百	十	元	角	分		亿	千	百	十	万	千	百	十	元	角	分

财会主管

总 账

年		凭证		摘要	日页	借方金额											贷方金额											借或贷	金额										
月	日	种类	号数			亿	千	百	十	万	千	百	十	元	角	分	亿	千	百	十	万	千	百	十	元	角	分		亿	千	百	十	万	千	百	十	元	角	分

财会主管

总 账

年		凭证		摘要	日页	借方金额											贷方金额											借或贷	金额										
月	日	种类	号数			亿	千	百	十	万	千	百	十	元	角	分	亿	千	百	十	万	千	百	十	元	角	分		亿	千	百	十	万	千	百	十	元	角	分

财会主管

总 账

年		凭证		摘要	日页	借方金额											贷方金额											借或贷	金额										
月	日	种类	号数			亿	千	百	十	万	千	百	十	元	角	分	亿	千	百	十	万	千	百	十	元	角	分		亿	千	百	十	万	千	百	十	元	角	分

财会主管

总账

年		凭证		摘要	日页	借方金额											贷方金额											借或贷	金额										
月	日	种类	号数			亿	千	百	十	万	千	百	十	元	角	分	亿	千	百	十	万	千	百	十	元	角	分		亿	千	百	十	万	千	百	十	元	角	分

财会主管

总账

年		凭证		摘要	日页	借方金额											贷方金额											借或贷	金额										
月	日	种类	号数			亿	千	百	十	万	千	百	十	元	角	分	亿	千	百	十	万	千	百	十	元	角	分		亿	千	百	十	万	千	百	十	元	角	分

财会主管

总 账

年		凭证		摘 要	日页	借方金额											贷方金额											借或贷	金额										
月	日	种类	号数			亿	千	百	十	万	千	百	十	元	角	分	亿	千	百	十	万	千	百	十	元	角	分		亿	千	百	十	万	千	百	十	元	角	分

财会主管

总 账

年		凭证		摘 要	日页	借方金额											贷方金额											借或贷	金额										
月	日	种类	号数			亿	千	百	十	万	千	百	十	元	角	分	亿	千	百	十	万	千	百	十	元	角	分		亿	千	百	十	万	千	百	十	元	角	分

财会主管

总账

第 31 页

年		凭证		摘要	日页	借方金额											贷方金额											借或贷	金额										
月	日	种类	号数			亿	千	百	十	万	千	百	十	元	角	分	亿	千	百	十	万	千	百	十	元	角	分		亿	千	百	十	万	千	百	十	元	角	分

财会主管

总账

第 32 页

年		凭证		摘要	日页	借方金额											贷方金额											借或贷	金额										
月	日	种类	号数			亿	千	百	十	万	千	百	十	元	角	分	亿	千	百	十	万	千	百	十	元	角	分		亿	千	百	十	万	千	百	十	元	角	分

财会主管

总 账

年		凭证		摘 要	日	借方金额											贷方金额											借	金额										
月	日	种类	号数		页	亿	千	百	十	万	千	百	十	元	角	分	亿	千	百	十	万	千	百	十	元	角	分	或贷	亿	千	百	十	万	千	百	十	元	角	分

财会主管

总 账

年		凭证		摘 要	日	借方金额											贷方金额											借	金额										
月	日	种类	号数		页	亿	千	百	十	万	千	百	十	元	角	分	亿	千	百	十	万	千	百	十	元	角	分	或贷	亿	千	百	十	万	千	百	十	元	角	分

财会主管

总 账

第 35 页

年		凭证		摘要	日页	借方金额											贷方金额											借或贷	金额										
月	日	种类	号数			亿	千	百	十	万	千	百	十	元	角	分	亿	千	百	十	万	千	百	十	元	角	分		亿	千	百	十	万	千	百	十	元	角	分

财会主管

总 账

第 36 页

年		凭证		摘要	日页	借方金额											贷方金额											借或贷	金额										
月	日	种类	号数			亿	千	百	十	万	千	百	十	元	角	分	亿	千	百	十	万	千	百	十	元	角	分		亿	千	百	十	万	千	百	十	元	角	分

财会主管

总 账

第 37 页

年		凭证		摘要	日页	借方金额											贷方金额											借或贷	金额										
月	日	种类	号数			亿	千	百	十	万	千	百	十	元	角	分	亿	千	百	十	万	千	百	十	元	角	分		亿	千	百	十	万	千	百	十	元	角	分

财会主管

总 账

第 38 页

年		凭证		摘要	日页	借方金额											贷方金额											借或贷	金额										
月	日	种类	号数			亿	千	百	十	万	千	百	十	元	角	分	亿	千	百	十	万	千	百	十	元	角	分		亿	千	百	十	万	千	百	十	元	角	分

财会主管

总 账

第 39 页

年		凭证		摘 要	日页	借方金额											贷方金额											借或贷	金额										
月	日	种类	号数			亿	千	百	十	万	千	百	十	元	角	分	亿	千	百	十	万	千	百	十	元	角	分		亿	千	百	十	万	千	百	十	元	角	分

财会主管

总 账

第 40 页

年		凭证		摘 要	日页	借方金额											贷方金额											借或贷	金额										
月	日	种类	号数			亿	千	百	十	万	千	百	十	元	角	分	亿	千	百	十	万	千	百	十	元	角	分		亿	千	百	十	万	千	百	十	元	角	分

财会主管

总 账

年		凭证		摘要	日页	借方金额											贷方金额											借或贷	金额										
月	日	种类	号数			亿	千	百	十	万	千	百	十	元	角	分	亿	千	百	十	万	千	百	十	元	角	分		亿	千	百	十	万	千	百	十	元	角	分

财会主管

总 账

年		凭证		摘要	日页	借方金额											贷方金额											借或贷	金额										
月	日	种类	号数			亿	千	百	十	万	千	百	十	元	角	分	亿	千	百	十	万	千	百	十	元	角	分		亿	千	百	十	万	千	百	十	元	角	分

财会主管

总账

年		凭证		摘要	日页	借方金额											贷方金额											借或贷	金额										
月	日	种类	号数			亿	千	百	十	万	千	百	十	元	角	分	亿	千	百	十	万	千	百	十	元	角	分		亿	千	百	十	万	千	百	十	元	角	分

财会主管

总账

年		凭证		摘要	日页	借方金额											贷方金额											借或贷	金额										
月	日	种类	号数			亿	千	百	十	万	千	百	十	元	角	分	亿	千	百	十	万	千	百	十	元	角	分		亿	千	百	十	万	千	百	十	元	角	分

财会主管

总 账

年		凭证		摘要	日页	借方金额											贷方金额											借或贷	金额										
月	日	种类	号数			亿	千	百	十	万	千	百	十	元	角	分	亿	千	百	十	万	千	百	十	元	角	分		亿	千	百	十	万	千	百	十	元	角	分

财会主管

总 账

年		凭证		摘要	日页	借方金额											贷方金额											借或贷	金额										
月	日	种类	号数			亿	千	百	十	万	千	百	十	元	角	分	亿	千	百	十	万	千	百	十	元	角	分		亿	千	百	十	万	千	百	十	元	角	分

财会主管

总 账

年		凭证		摘要	日页	借方金额											贷方金额											借或贷	金额										
月	日	种类	号数			亿	千	百	十	万	千	百	十	元	角	分	亿	千	百	十	万	千	百	十	元	角	分		亿	千	百	十	万	千	百	十	元	角	分

财会主管

总 账

年		凭证		摘要	日页	借方金额											贷方金额											借或贷	金额										
月	日	种类	号数			亿	千	百	十	万	千	百	十	元	角	分	亿	千	百	十	万	千	百	十	元	角	分		亿	千	百	十	万	千	百	十	元	角	分

财会主管

总账

年		凭证		摘要	日页	借方金额											贷方金额											借或贷	金额										
月	日	种类	号数			亿	千	百	十	万	千	百	十	元	角	分	亿	千	百	十	万	千	百	十	元	角	分		亿	千	百	十	万	千	百	十	元	角	分

财会主管

总账

年		凭证		摘要	日页	借方金额											贷方金额											借或贷	金额										
月	日	种类	号数			亿	千	百	十	万	千	百	十	元	角	分	亿	千	百	十	万	千	百	十	元	角	分		亿	千	百	十	万	千	百	十	元	角	分

财会主管

总 账

年		凭证		摘要	日页	借方金额											贷方金额											借或贷	金额										
月	日	种类	号数			亿	千	百	十	万	千	百	十	元	角	分	亿	千	百	十	万	千	百	十	元	角	分		亿	千	百	十	万	千	百	十	元	角	分

财会主管

总 账

年		凭证		摘要	日页	借方金额											贷方金额											借或贷	金额										
月	日	种类	号数			亿	千	百	十	万	千	百	十	元	角	分	亿	千	百	十	万	千	百	十	元	角	分		亿	千	百	十	万	千	百	十	元	角	分

财会主管

科目汇总表

年　月　日至　　年　月　日　　　　　　　　　　　　　　　单位：元

科目名称	借方	贷方	科目名称	借方	贷方
合计					

制表人：

科目汇总表

年　　月　　日至　　　年　　月　　日　　　　　　　　　　单位：元

科目名称	借方	贷方	科目名称	借方	贷方
合计					

制表人：

科目汇总表

年　月　日至　年　月　日　　　　单位：元

科目名称	借方	贷方	科目名称	借方	贷方
合计					

制表人：

资产负债表

会企 01 表

编制单位：　　　　　　　　　　年　　月　　日　　　　　　　单位：元

资产	行次	期末余额	年初余额	负债和所有者权益（或股东权益）	行次	期末余额	年初余额
流动资产：	1			流动负债：	35		
货币资金	2			短期借款	36		
交易性金融资产	3			交易性金融负债	37		
应收票据	4			应付票据	38		
应收账款	5			应付账款	39		
预付款项	6			预收账款	40		
应收利息	7			应付职工薪酬	41		
应收股利	8			应交税费	42		
其他应收款	9			应付利息	43		
存货	10			应付股利	44		
其中：消耗性生物资产	11			其他应付款	45		
一年内到期的非流动资产	12			预计负债	46		
其他流动资产	13			一年内到期的非流动负债	47		
流动资产合计	14			其他流动负债	48		
非流动资产：	15			流动负债合计	49		
可供出售金融资产	16			非流动负债：	50		
持有至到期投资	17			长期借款	51		
长期应收款	18			应付债券	52		
长期股权投资	19			长期应付款	53		
投资性房地产	20			专项应付款	54		
固定资产	21			递延所得税负债	55		
在建工程	22			其他非流动负债	56		
工程物资	23			非流动负债合计	57		
固定资产清理	24			负债合计	58		
生产性生物资产	25			所有者权益（或股东权益）：	59		
油气资产	26			实收资本（或股本）	60		
无形资产	27			资本公积	61		
开发支出	28			盈余公积	62		
商誉	29			未分配利润	63		
长摊待摊费用	30			减：库存股	64		
递延所得税资产	31			所有者权益（或股东权益）合计	65		
其他非流动资产	32				66		
非流动资产合计	33				67		
资产总计	34			负债和所有者（或股东权益）合计	68		

制表人：

利润表

会企 02 表

编制单位：　　　　　　　　　　　　　　年　　　月　　　　　　　　　　单位：元

项 目	行次	本期金额	本年累计
一、营业收入			
减：营业成本			
营业税金及附加			
销售费用			
管理费用			
财务费用			
资产减值损失			
加：公允价值变动收益（损失以“–”号填列）			
投资收益（损失以“–”号填列）			
其中：对联营企业和合营企业的投资收益			
二、营业利润（亏损以“–”号填列）			
加：营业外收入			
减：营业外支出			
其中：非流动资产处置损失			
三、利润总额（亏损总额以“–”号填列）			
减：所得税费用			
四、净利润（净亏损以“–”号填列）			
五、每股收益			
（一）基本每股收益			
（二）稀释每股收益			

制表人：

账簿启用及接交表

单位名称		海河钢管制造有限责任公司 财务专用章
账簿名称	（第　　册）	
账簿编号		
账簿页数	本账簿共计　　页（本账簿页数 检点人盖章　　）	
启用日期	公元　　年　　月　　日	

经管人员	单位主管		财务主管		复核		记账	
	姓名	盖章	姓名	盖章	姓名	盖章	姓名	盖章

交接记录	经管人员		接管				交出			
	职别	姓名	年	月	日	盖章	年	月	日	盖章

备注	

账簿启用及接交表

单位名称		海河钢管制造有限责任公司 财务专用章
账簿名称	（第　　册）	
账簿编号		
账簿页数	本账簿共计　　页（本账簿页数 检点人盖章　　　）	
启用日期	公元　　年　　月　　日	

经管人员	单位主管		财务主管		复核		记账	
	姓 名	盖章	姓 名	盖章	姓 名	盖章	姓 名	盖章

交接记录	经管人员		接管				交出			
	职 别	姓 名	年	月	日	盖章	年	月	日	盖章

备注	

海河钢管制造有限责任公司

（库存现金、银行存款）

日 记 账

20×× 年度

账簿启用及接交表

单位名称	
账簿名称	（第　　册）
账簿编号	
账簿页数	本账簿共计　　页（本账簿页数 检点人盖章　　）
启用日期	公元　　年　　月　　日

海河钢管制造有限责任公司
财务专用章

经管人员	单位主管		财务主管		复核		记账	
	姓 名	盖章	姓 名	盖章	姓 名	盖章	姓 名	盖章

交接记录	经 管 人 员		接 管				交 出			
	职 别	姓 名	年	月	日	盖章	年	月	日	盖章

备注	

海河钢管制造有限责任公司

明　细　分　类　账

20××年度

目 录

编号	会计科目	起讫页码	编号	会计科目	起讫页码	编号	会计科目	起讫页码

海河钢管制造有限责任公司

总 分 类 账

20×× 年度

目 录

编号	会计科目	起讫页码	编号	会计科目	起讫页码	编号	会计科目	起讫页码

海河钢管制造有限责任公司

会 计 报 表

（资产负债表、利润表）

20×× 年度

第 册
共 册

会计凭证装订封皮

自　　年　　月　　日至　　年　　月　　日

凭证名称	凭证起讫号码		凭证张数	附件张数	备 注
	自	至			

财会主管　　　　　　会计　　　　　　装订

抽 出 凭 证 记 录

抽出日期			抽出凭证名称	抽出原因	抽出人签 字	经管人签 字	归还日期			收件人
年	月	日					年	月	日	

第　册
共　册

会计凭证装订封皮

自　　年　　月　　日至　　年　　月　　日

凭证名称	凭证起讫号码		凭证张数	附件张数	备注
	自	至			

财会主管　　　　　　　　会计　　　　　　　　装订

抽出凭证记录

抽出日期			抽出凭证名称	抽出原因	抽出人签字	经管人签字	归还日期			收件人
年	月	日					年	月	日	

第 册
共 册

会计凭证装订封皮

自　　年　　月　　日至　　年　　月　　日

凭证名称	凭证起讫号码		凭证张数	附件张数	备注
	自	至			

财会主管　　　　　　　　会计　　　　　　　　装订

抽出凭证记录

抽出日期			抽出凭证名称	抽出原因	抽出人签字	经管人签字	归还日期			收件人
年	月	日					年	月	日	

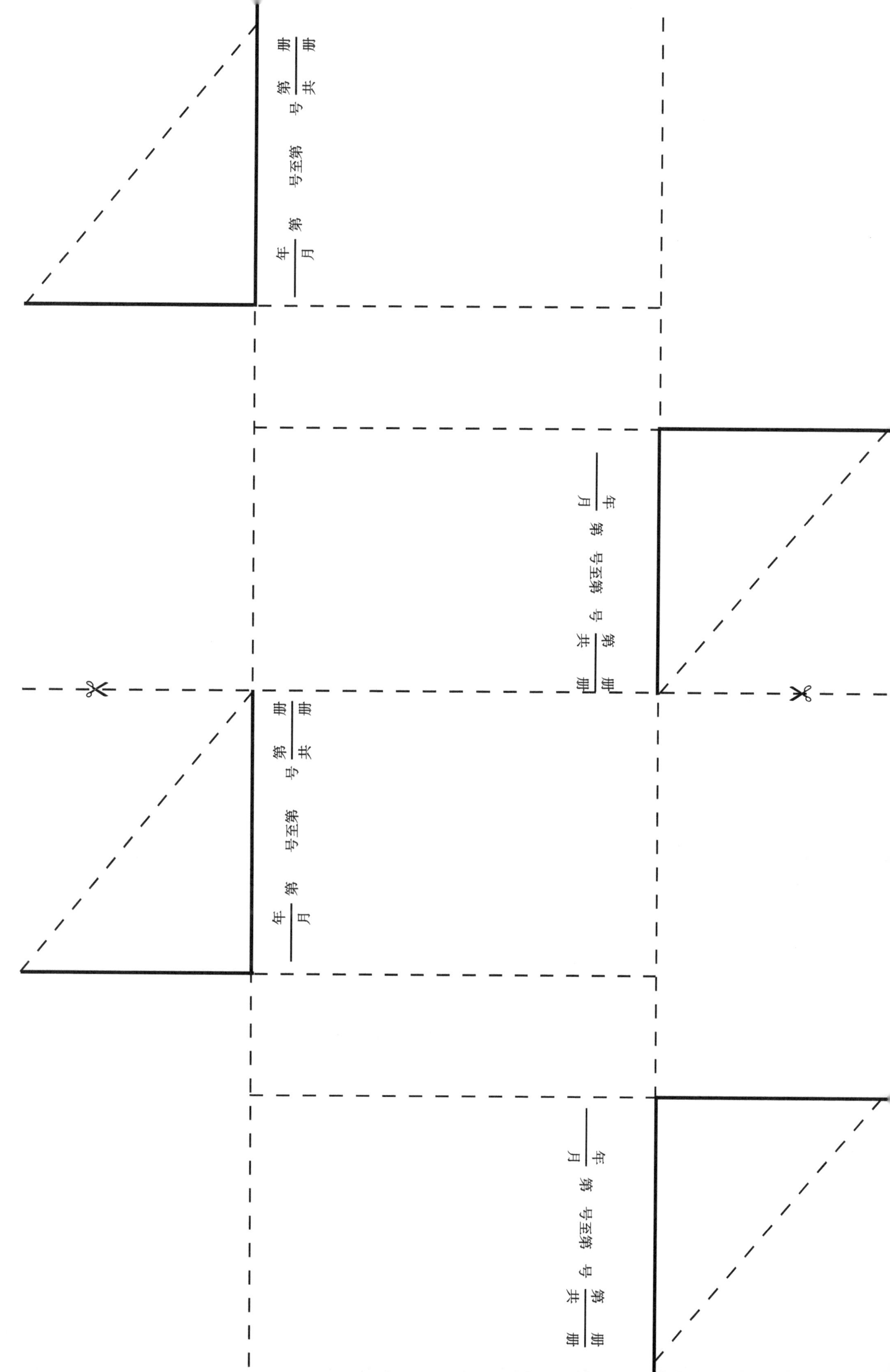
年 月 第 号至第 号 第 册 共 册
年 月 第 号至第 号 第 册 共 册
年 月 第 号至第 号 第 册 共 册
年 月 第 号至第 号 第 册 共 册

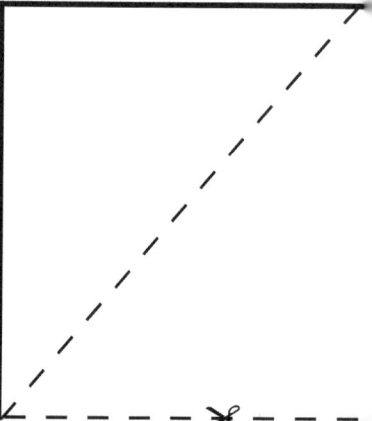

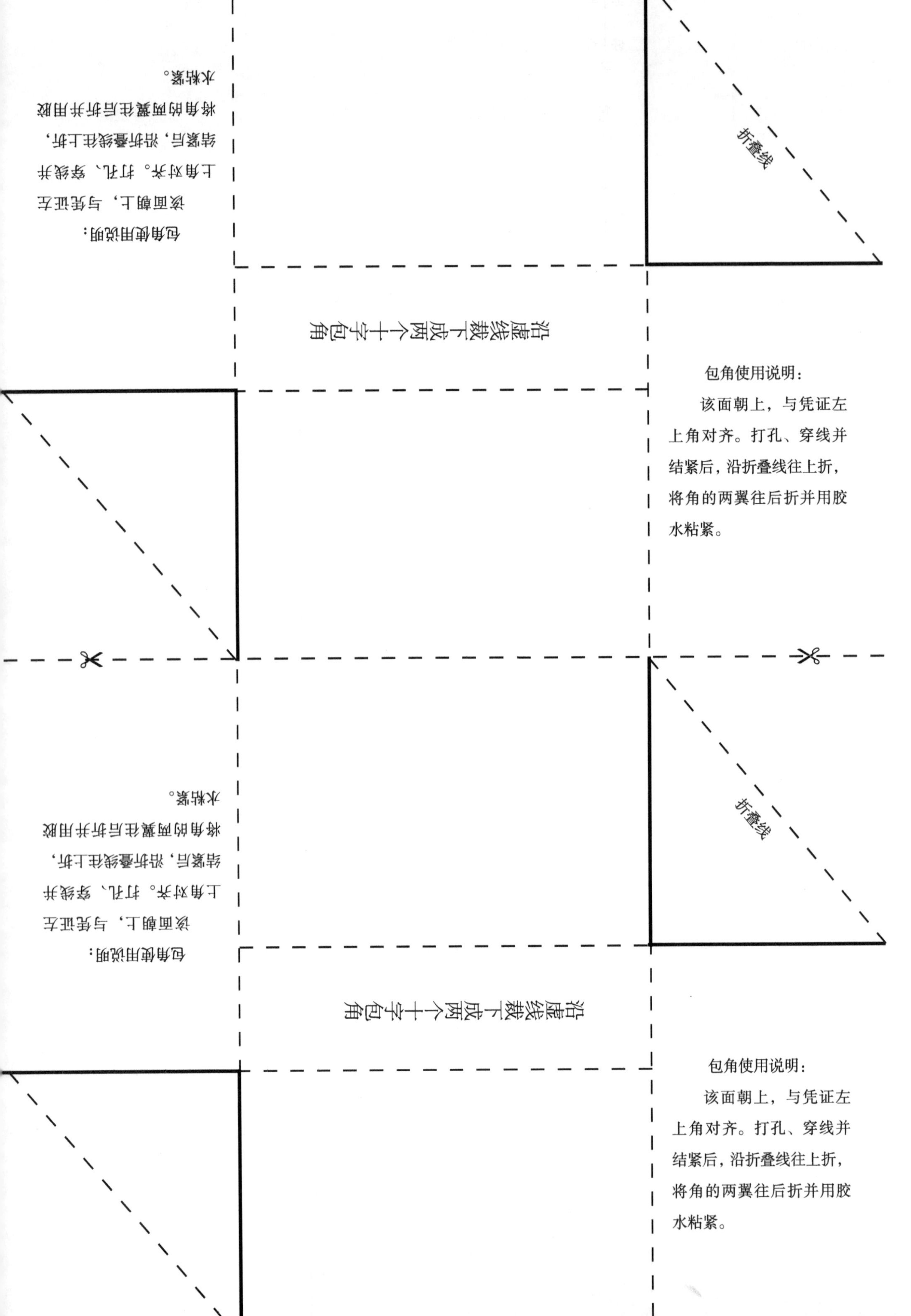
沿虚线裁下成两个十字包角
折叠线
包角使用说明：
该面朝上，与凭证左上角对齐。打孔、穿线并结紧后，沿折叠线往上折，将角的两翼往后折并用胶水粘紧。
沿虚线裁下成两个十字包角
折叠线
包角使用说明：
该面朝上，与凭证左上角对齐。打孔、穿线并结紧后，沿折叠线往上折，将角的两翼往后折并用胶水粘紧。